探寻经典国学里的智慧源泉

孔子·孟子

［春秋］孔丘／著　　［战国］孟轲／著

吉林大学出版社

图书在版编目（CIP）数据

孔子 / (春秋) 孔丘著. 孟子 / (战国) 孟轲著. --
长春 : 吉林大学出版社, 2011.1
ISBN 978-7-5601-6919-4

Ⅰ.①孔… ②孟… Ⅱ.①孔… ②孟… Ⅲ.①儒家
Ⅳ.①B222

中国版本图书馆CIP数据核字(2010)第260940号

书　　名：孔子　孟子

作　　者：（春秋）孔丘　著，（战国）孟轲　著
责任编辑：代景丽
责任校对：杨　平
封面设计：宋双成
出版发行：吉林大学出版社
社　　址：长春市人民大街4059号
邮　　编：130021
发行电话：0431-89580028/29
网　　址：http://jldxcbs.com
E-mail：jlup@mail.jlu.edu.cn
印　　刷：唐山玺鸣印务有限公司
开　　本：670毫米×960毫米　1/16
印　　张：16
字　　数：270千字
版　　次：2011年1月　第1版
印　　次：2022年3月　第2次印刷
书　　号：ISBN 978-7-5601-6919-4
定　　价：58.00元

国学
经典
阅读

前言

　　孔子，子姓，以孔为氏，名丘，字仲尼。春秋时期鲁国陬邑昌平乡（今曲阜市南辛镇）人，家中排行第二，文学家、思想家、教育家、社会活动家。"子"是古代对成年男子的尊称，在战国末期，拥有一定社会地位的成年男子都可以称为"子"，而且都希望别人称自己为"子"，因为"子"还是一种爵位，所谓"公侯伯子男"也。但是，真正能获得别人以"子"相称的，一般是两种人：要么是在社会上公信力较高的人，如"老师"；要么就是较有道德的贵族，孔子、老子属于前者。孔子逝世时，享年 73 岁，葬于曲阜城北泗水之上，即今日孔林所在地。孔子的言行思想主要载于语录体散文集《论语》及先秦和秦汉保存下来的《史记·孔子世家》。

　　《论语》首创语录体，汉语文章的典范性也发源于此。《论语》一书比较真实地记述了孔子及其弟子的言行，也比较集中地反映了孔子的思想，其政治思想的核心是"仁""礼"和"中庸"。

　　《论语》的语言简洁精练，含义深刻，其中有许多言论至今仍被世人视为至理名言。

　　《论语》以记言为主，"论"是论纂的意思，"语"是话语、经典语句、箴言，"论语"即是论纂（先师孔子的）语言。《论语》成于众手，记述者有孔子的弟子，有孔子的再传弟子，也有孔门以外的人，但以孔门弟子为主。《论语》是记录孔子和他的弟子言行的书。

孟子，名轲，字子舆，鲁国邹（今山东省邹城市）人。又字子车、子居（待证实）。孟子与孔子合称"孔孟"，其道被称为"孔孟之道"。孔子是至圣，孟子是亚圣。孟子是古代著名思想家、教育家、政治家和散文家，战国时期儒家代表人物，孔子第四代弟子。在十五六岁时到达鲁国，有一种说法是拜入孔子之孙子思的门下，但根据史书考证发现子思去世时离孟子出生还早几十年，所以还是如《史记》中所记载的受业于子思的门人的说法比较可信。

孟子本为"鲁国三桓"之后，远祖是鲁国贵族孟孙氏，后家道衰微，从鲁国迁居邹国。孟子三岁丧父，孟母艰辛地将他抚养成人，对其管束甚严，其"孟母三迁""孟母断织"等故事成为千古美谈，是后世母教之典范。

《孟子》一书是孟子的言论汇编，由孟子及其弟子共同编写而成，记录了孟子的语言、政治观点（仁政、王霸之辨、民本、民贵君轻）和政治行动的儒家经典著作。孟子曾仿效孔子，带领门徒游说各国，但不被当时各国所接受，遂退隐与弟子一起著书。其学说出发点为性善论，提出"仁政""王道"等观点，主张德治。南宋时朱熹将《孟子》与《论语》《大学》《中庸》合在一起称"四书"，从此直到清末，"四书"一直是科举必考的内容。孟子的文章说理畅达，气势充沛并长于论辩，逻辑严密，尖锐机智，代表着传统散文写作的最高峰。

目录

孔 子

学而篇第一 …………………………………… 2

为政篇第二 …………………………………… 8

八佾篇第三 …………………………………… 14

里仁篇第四 …………………………………… 18

公冶长第五 …………………………………… 26

雍也篇第六 …………………………………… 33

述而篇第七 …………………………………… 40

泰伯篇第八 …………………………………… 45

子罕篇第九 …………………………………… 50

乡党篇第十 …………………………………… 56

先进篇第十一 ………………………………… 62

颜渊篇第十二 ………………………………… 70

子路篇第十三 ………………………………… 77

宪问篇第十四 ………………………………… 82

卫灵公篇第十五 ……………………………… 91

季氏篇第十六 ………………………………… 102

阳货篇第十七 ·························· 108

微子篇第十八 ·························· 116

子张篇第十九 ·························· 121

尧曰篇第二十 ·························· 126

孟 子

离 娄 上 ····························· 132

离 娄 下 ····························· 144

万 章 上 ····························· 159

万 章 下 ····························· 171

告 子 上 ····························· 178

告 子 下 ····························· 194

尽 心 上 ····························· 208

尽 心 下 ····························· 229

孔 子

学而篇第一

原文

子曰①："学而时习之，不亦说乎②？有朋自远方来，不亦乐乎？人不知而不愠③，不亦君子乎？"

注释

①子：古代将有地位、有学问、知识渊博、有道德修养的人，尊称为"子"。这里是尊称孔子。

②说：通"悦"，高兴，喜悦。

③愠：怨恨，恼怒。

译文

孔子说："学习过了而时常温习，不也是很高兴的事吗？有朋友从远方而来，这不也是很快乐的事吗？别人不了解我，我并不怨恨，这不也是君子吗？"

原文

有子曰①："其为人也孝弟②，而好犯上者，鲜矣③；不好犯上，而好作乱者，未之有也。君子务本，本立而道生。孝弟也者，其为仁之本与[4]！"

注释

①有子：鲁国人，姓有，名若，字子有。孔子的弟子。比孔子小三十三岁，生于公元前518年，卒年不详。另说，比孔子小十三岁。后世有若的弟子也尊称其为"子"，故称"有子"。

②弟：通"悌"。弟弟善事兄长，称"悌"。

③鲜：少。

④与：通"欤"。语气词。

译文

有子说："做人孝顺父母，尊敬兄长，而喜好冒犯长辈和上级的，是很少见的；不喜好冒犯长辈和上级，而喜好造反作乱的，这是没有的。君子要致力于根本，根本确立了，治国、做人的原则也就产生了。所谓'孝''悌'，就是'仁'的根本吧。"

原文

子曰："巧言令色[1]，鲜矣仁！"

注释

①令色：面色和善。这里指以恭维的态度讨好别人。

译文

孔子说："总是花言巧语，用一副和气善良的脸色讨好别人，这种人很少是有仁德的。"

原文

曾子曰①："吾日三省吾身②：为人谋而不忠乎？与朋友交而不信乎？传不习乎③？"

注释

①曾子：姓曾，名参，字子舆。曾皙之子。鲁国南武城（在今山东省枣庄市附近）人。孔子的弟子。比孔子小四十六岁，生于公元前505年，卒于公元前434年。其弟子也尊称曾参为"子"。

②省：检查反省自己。

③传：老师传授的知识、学问。孔子教学有"六艺"：礼、乐、射、御、书、数。

译文

曾子说："我每天多次检查反省自己：为别人出谋划策，是否做到了忠实呢？和朋友交往，是否真诚讲信用了呢？对老师所传授的知识，是否复习了呢？"

原文

子曰："弟子，入则孝，出则弟①，谨而信，泛爱众而亲仁。行有余力，则以学文。"

注释

①出：外出，出门。弟：通"悌"。尊敬兄长。

译文

孔子说："为人弟子，在家里要孝顺父母，出门后要尊敬兄长，做人言行要谨慎讲信用，广泛地与众人友爱，亲近有仁德的人。这样做了如果还有余力，（那么）就要用来学习各种文化知识。"

原文

子夏曰①："贤贤易色②；事父母，能竭其力；事君，能致其身③；与朋友交，言而有信。虽曰未学，吾必谓之学矣。"

注释

①子夏：姓卜，名商，字子夏。孔子的弟子。比孔子小四十四岁，生于公元前507年，卒年不详。

②贤贤：第一个"贤"做动词用，表示敬重，尊崇；第二个"贤"是名词，即"圣贤"的"贤"，指有道德有学问的高尚的人。易：轻视，不看重。一说，"易"释为"移"，移除好色之心而好贤德。

③致：奉献。

译文

子夏说："尊重有贤德的人，看轻女色；侍奉父母，能尽心尽力；为君主做事，能有献身精神；和朋友交往，说话诚实而能讲信用。这样的人即使说他没有学习过什么，我也一定说他学习过很多了。"

原文

子曰："君子不重则不威，学则不固①。主忠信。无友不如己者②。

过则勿惮改③。"

注释

①固：巩固，牢固。一说，固执，闭塞不通。
②无：通"毋"，不要。友：做动词用，交朋友。
③过：错误，过失。惮：怕。

译文

孔子说："君子举止不庄重，那就没有威严；态度不庄重，学过的知识学问就不牢固。做人主要讲求的是忠诚，守信用。不要同不如你自己的人交朋友。如果有了过错或过失，就不要害怕改正。"

原文

曾子曰："慎终①追远②，民德归厚矣。"

注释

①终：寿终，指年长者去世。
②远：远祖，祖先。

译文

曾子说："要谨慎地办理好丧事，虔诚地追祭祖先，（如果）这样做了，老百姓的道德就会归于忠厚老实。"

原文

子禽问于子贡曰①："夫子至于是邦也②，必闻其政。求之与？抑与之与③？"子贡曰："夫子温、良、恭、俭、让以得之。夫子之求之也，其诸异乎人之求之与④？"

注释

①子禽：姓陈，名亢，字子禽。一说，即原亢。陈国人。孔子的弟子（一说，不是孔子的弟子）。子贡：姓端木，名赐，字子贡。卫国人。孔子的弟子。比孔子小三十一岁，生于公元前520年，卒于公元前456年。

②夫子：孔子的弟子敬称孔子。古代凡做过大夫官职的人，可称"夫子"（孔子曾任鲁国司寇）。邦：诸侯国。

③抑与之与："抑"连词，表示选择，"还是………"。与之，即给他。最后的"与"通"欤"，语气词。

④其诸：或者，大概。

译文

子禽问子贡："我们老师每到一个诸侯国，他一定会去了解那一个国家的政事，是他自己打听来的呢？还是别人主动告诉他的呢？"子贡说："老师是靠温和、善良、恭敬、俭朴、谦让来了解政事的。老师求得的方法，大概与别人求得的方法不相同吧？"

原文

子曰："不患人之不己知①，患不知人也。"

注释

①不己知："不知己"的倒装。"知"，了解，理解。

译文

孔子说："不怕别人不了解自己，怕的是自己不了解别人。"

为政篇第二

原文

子曰："为政以德，譬如北辰①，居其所，而众星共之②。"

注释

①北辰：北极星。由于北极星距离地球太远，从地球上看它似乎不动，实际它仍在高速运转。
②共：通"拱"，环绕。

译文

孔子说："国君治理国家，用道德教化来治理国家，就像北极星那样，处于一定的方位上，而群星都环绕在它的周围。"

原文

子曰："《诗》三百，一言以蔽之^①，曰：'思无邪^②。'"

注释

①蔽：概括。

②思无邪：出自《诗经·鲁颂·駧》篇。孔子借用这句话来评论《诗经》。

译文

孔子说："《诗经》三百篇，用一句话来概括它的全部内容，那就是：'思想纯正，里面没有邪恶的东西。'"

原文

子曰："道之以政^①，齐之以刑^②，民免而无耻^③；道之以德，齐之以礼，有耻且格^④。"

注释

①道：通"导"，治理，引导。

②齐：整治，约束，统一。

③免：避免，指避免犯错误。无耻：做了坏事，心里不知羞耻，没有（或缺乏）羞耻之心。

④格：纠正，引申为归服。

译文

孔子说："（如果）用行政命令来治理，用刑法来处罚，老百姓虽然能避免犯罪，但是还不能从心里知道犯罪是可耻的；（如果）用道德教化来治理，用礼教来约束，老百姓不但会有羞耻之心，而且会自觉地改过。"

原文

子曰："吾十有五而志于学①，三十而立，四十而不惑，五十而知天命②，六十而耳顺，七十而从心所欲，不逾矩。"

注释

①有：通"又"，表示相加。"十有五"，即十加五，十五岁。

②天命：这里的"天命"含有上天的意旨、自然的禀赋与天性、人生的道义和职责等多重含义。

译文

孔子说："我从十五岁时开始立志学习，到三十岁时能自立于世，四十岁时遇事就不迷惑，五十岁时懂得了什么是天命，六十岁时能听得进去不同的意见，到了七十岁时就能随心所欲，想怎么做就怎么做，再也不会超出规矩。"

原文

子夏问孝。子曰："色难①。有事，弟子服其劳②；有酒食，先生馔③，曾是以为孝乎④？"

注释

①色：脸色。指和颜悦色；心里敬爱父母，态度和气。
②弟子：晚辈。指儿女。
③先生：长辈。指父母。馔：吃喝。
④曾：副词，难道。是：代词，此，这个。

译文

子夏问怎样做才是孝。孔子说："对父母和颜悦色，是最难的。如果仅仅做到有事了，孩子才为父母去做些什么；有了酒饭，让父母吃喝，这难道能算是孝吗？"

原文

子曰："吾与回言终日①，不违，如愚。退而省其私②，亦足以发，回也不愚。"

注释

①回：姓颜，名回，字子渊，又称颜渊。鲁国人。生于公元前521年（一说，公元前511年），卒于公元前490年。是孔子早年最忠实的弟子，被孔子器重、厚爱。比孔子小三十（一说四十）岁。
②省：观察，考察。

译文

孔子说："我给颜回讲学问的一整天，他都不提任何不同的意见，好像是很愚笨。可是课后我考察他私下里的言行，发现他对我所讲的课都能充分发挥，（由此看来）颜回并不是愚笨的。"

原文

子曰："视其所以^①，观其所由^②，察其所安。人焉廋哉^③？人焉廋哉？"

注释

①以：根据，原因，言行的动机。一说，"以"，通"与"。引申为结交什么样的朋友。
②由：经由，所走的道路。指为达到目的而采用的方式、方法。
③焉：代词，表疑问。哪里，怎么。廋：隐藏，隐瞒。

译文

孔子说："了解一个人，要看他言行的动机，观察他所采取的方法，考察他的兴趣所在。（如果）这样去了解人，他怎么能隐瞒得了呢？他怎么能隐瞒得了呢？"

原文

子曰："温故而知新^①，可以为师矣。"

注释

①故：旧的，原有的。

译文

孔子说:"温习已经学过的知识,由此获取更新的更深的知识,这样就可以做别人的老师了。"

原文

子曰:"由^①,诲女^②知之乎!知之为知之,不知为不知,是知也^③。"

注释

①由:姓仲,名由,字子路,又字季路。鲁国卞(今山东省平邑县东北)人。是孔子早年的弟子。长期跟随孔子,是忠实的警卫。曾做季康子的家臣,后死于卫国内乱。生于公元前542年,卒于公元前480年,比孔子小九岁。

②诲:教导,教育。女:通"汝",你。

③知:前五个"知"字,意为知道,了解,懂得。最后"是知也"的"知",通"智",明智,聪明,真知。之:代词。指孔子所讲授的知识、学问。

译文

孔子说:"仲由,我教给你的知识,你知道了吗?知道就是知道,不知道就是不知道,这种态度才是明智可取的。"

八佾篇第三

原文

孔子谓季氏^①，八佾舞于庭^②，是可忍也，孰不可忍也^③？

注释

①季氏：鲁国正卿季孙氏。此指季平子，即季孙意如。一说，季桓子。

②八佾："佾"，行，列。特指古代奏乐舞蹈的行列。一佾，是八个人的行列；八佾，就是八八六十四个人。按周礼规定，天子的乐舞，才可用八佾。诸侯，用六佾；卿、大夫，用四佾；士，用二佾。按季氏的官职，只有用四佾的资格，但他擅自僭（超越本分）用了天子乐舞规格的八佾，这是不可饶恕的越轨行为。

③"是可"句："忍"，容忍。"孰"，疑问代词，什么。一说，"忍"，忍心。这两句的意思是：这样的事他都能做出来，什么事他不能做呢？

译文

孔子谈到季氏，说他在家庙的庭院里居然冒用了八佾规格的乐舞，如果连这种事情都可以容忍，那还有什么不可以容忍的呢？

原文

子曰："人而不仁，如礼何①？人而不仁，如乐何？"

注释

①如礼何："如……何"是古代常用句式，当中一般插入代词、名词或其他词语，意思是"把（对）……怎么样（怎么办）"。

译文

孔子说："（如果）一个人不讲仁德，那他如何对待礼呢？（如果）一个人不讲仁德，那他如何对待乐呢？"

原文

林放问礼之本①。子曰："大哉问！礼，与其奢也②，宁俭；丧，与其易也③，宁戚④。"

注释

①林放：姓林，名放，字子丘，鲁国人。一说，孔子的弟子。
②与其：连词。在比较两件事的利害得失而决定取舍的时候，"与其"用在放弃的一面。后面常与"毋宁""不如""宁"相呼应。
③易：本义是把土地整治得平坦。在这里指周到完备地治办丧葬的礼节仪式。
④戚：心中悲哀。

译文

林放问礼的根本是什么。孔子说："你提出的问题意义重大啊！从礼节仪式来讲，与其奢侈，不如节俭；从办丧事来说，与其在仪式上搞得很隆重而完备周到，不如真正从心里悲哀地悼念死者。"

原文

子曰："君子无所争，必也射乎①！揖让而升②，下而饮。其争也君子。"

注释

①射：本是射箭。此指射礼——按周礼所规定的射箭比赛。有四种：一为大射（天子、诸侯、卿、大夫，选属下善射之士而升进使用）。二为宾射（贵族之间，朝见聘会时用）。三为燕射（贵族平时娱乐之用）。四为乡射（民间习射艺）。

②揖：作揖。拱手行礼，以表尊敬。

译文

孔子说："君子之间没有可争的事情。如果要争那一定是射箭比赛吧！就算是射箭相争，也是互相作揖、谦让，然后登堂；比赛完了走下堂来，又互相敬酒。这种争法，就是君子之争。"

原文

定公问①："君使臣②，臣事君，如之何③？"孔子对曰："君使臣以礼, 臣事君以忠。"

注释

①定公: 鲁国的君主, 姓姬, 名宋, 谥号"定"。襄公之子, 昭公之弟, 继昭公而立。在位十五年 (公元前509—前495年)。鲁定公时, 孔子担任过司寇, 代理过宰相。鲁定公的哥哥昭公, 曾被贵族季氏赶出国外。因此, 鲁定公询问孔子, 如何正确处理君臣关系, 以维持政权。

②使: 使用。

③如之何: 如何, 怎样。"之"是虚词。

译文

鲁定公问: "君主使用臣, 臣侍奉君主, 应当怎样做呢?"孔子回答: "君主使用臣应当以礼相待, 臣侍奉君主应当以诚相待。"

原文

子曰: "居上不宽①, 为礼不敬②, 临丧不哀, 吾何以观之哉!"

注释

①上: 上位, 高位。宽: 待人宽厚, 宽宏大量。

②敬: 恭敬, 郑重, 慎重。

译文

孔子说: "居高位而待人不宽厚, 举行礼仪时不恭敬, 参加丧礼时不真心表示哀悼, 这让我如何能看得下去呢?"

里仁篇第四

原文

子曰："里仁为美①。择不处仁②，焉得知③?"

注释

①里：邻里。这里用作动词，居住。周制五家为邻，五邻（二十五家）为里。仁：讲仁德而又风俗淳厚的地方。一说，有仁德的人。文中的意思就是：与有仁德的人居住在一起，成为邻里。

②处：居住，在一起相处。

③焉：怎么，哪里，哪能。

译文

孔子说："居住在有仁德的地方才是最美好的。如果不选择有仁德的地方居住，哪能算得上是明智呢?"

原文

子曰："不仁者不可以久处约①，不可以长处乐②。仁者安仁，知者利仁③。"

注释

①约：贫困，俭约。
②乐：安乐，富裕。
③知：通"智"。指有智慧的人。

译文

孔子说："没有仁德的人，不能够长久过穷困生活，也不能够长久过安乐生活。有仁德的人才能够安心地实行仁德，有智慧的人才能够善于利用仁德。"

原文

子曰："富与贵，是人之所欲也；不以其道得之，不处也①。贫与贱，是人之所恶也；不以其道得之，不去也②。君子去仁，恶乎成名③？君子无终食之间违仁④，造次必于是⑤，颠沛必于是⑥。"

注释

①处：享受，接受。
②去：避开，摆脱。
③恶：相当于"何"。疑问代词。怎样，如何。
④终食之间：吃完一顿饭的工夫。违：违背，离开。
⑤造次：紧迫，仓促，急迫。必于是：必须这样做。"是"，代词，这，此。
⑥颠沛：本义是跌倒，仰卧。引申为穷困，受挫折，流离困顿。

译文

孔子说:"贪钱与地位,是人们所向往的,然而若不是用正当的方法去获得,君子是不能够接受的。穷困和卑微,都是人们所厌恶的,然而若不是用正当的方法去摆脱,君子是受而不避的。君子假如离开了仁德,如何能成名呢?君子连吃完一顿饭的工夫也不能违背仁德。即使是在最紧迫的时刻也必须按仁德去做事,即使是在流离困顿的时候也必须按仁德去做。"

原文

子曰:"人之过也,各于其党①。观过,斯知仁矣②。"

注释

①党:本指古代地方组织,五百家为党。引申为朋辈,意气相投的人、同类的人。

②斯:代词,那。仁:通"人"。一说,仁德。句中的意思是:观察一个人犯的什么错误,就能知道他是不是有仁德的了。

译文

孔子说:"人的错误,如同同他一类的人一样。观察一个人犯的什么错误,就能知道他是哪一类的人。"

原文

子曰:"朝闻道①,夕死可矣。"

注释

①闻：听到，知道，懂得。道：此指某种真理、道理、原则。即我们所说的儒家之道。

译文

孔子说："（如果）早上明白了真理，即使晚上就死去，也是可以的。"

原文

子曰："士志于道①，而耻恶衣恶食者，未足与议也。"

注释

①士：多指读书人、一般的知识分子、小官吏。

译文

孔子说："士有志于君子之道，但又以穿破衣服、吃粗糙的饭菜为耻，这种人是不值得与他谈论真理的。"

原文

子曰："君子之于天下也，无适也，无莫也①，义之与比②。"

注释

①适、莫：各家有三种解释：A. "适"，厚。"莫"，薄。"无适""无莫"，是一视同仁，对人用情无亲疏厚薄，不要有的亲近，有的冷淡。B. "适"通"敌"，指敌对。"莫"通"慕"，爱慕。"无适""无莫"，是"无所为仇，无所倾慕"。C. "适"，相合，适从。"莫"，不肯，没有。"无适""无莫"是无可无不可，没有一定要做的，也没有一定不要做的，而是唯义是从，只要符合义——合情合理，合于正义，该做便做，不该做便不做，怎么干合适、恰当就怎么干。这是朱熹《四书集注》的说法。本书取此说。

②义之与比：与义靠近，向义靠拢，也就是"与义比之"。比：靠近，亲近。

译文

孔子说："君子对于天下事情的处理，没有一定非要做的，也没有一定不去做的，服从于义即可。"

原文

子曰："君子怀德，小人怀土；君子怀刑①，小人怀惠。"

注释

①刑：指法度、典范。

译文

孔子说："君子关心的是道德教化，小人关心的是乡土田宅；君子关心的是法度，小人关心的是实惠。"

原文

子曰："放于利而行①，多怨。"

注释

①放：通"仿"，仿照、效法、依照，引申为一味追求。

译文

孔子说："（如果）为了追求私利而行动，会招来许多人的怨恨。"

原文

子曰："君子喻于义①，小人喻于利②。"

注释

①喻：知道、明白、懂得。义：公正合宜的道理或举动，合乎正义。
②利：私利、财物。

译文

孔子说："君子明白大义，小人只知道私利。"

原文

子曰："见贤思齐焉①，见不贤而内自省也②。"

注释

①贤：贤人、有德行有才能的人。齐：平等，向……看齐，与……同等。
②省：反省、内省、检查自己的思想行为。

译文

孔子说："看见贤人，就应该想到要向贤人看齐；看到不贤的人，就应该自我检查反省。"

原文

子曰："父母在，不远游①，游必有方②。"

注释

①游：指游学、游官等外出活动。
②游必有方：指让父母知道所游的确定地方，而不要无固定地方地随处漂泊，致使父母挂念、担心。"方"，确定的地方。

译文

孔子说："父母在世的时候，不要远离自己的家乡；如果非要离开家乡不可，也必须有一个固定的地方。"

原文

子曰："父母之年，不可不知也。一则以喜，一则以惧①。"

注释

①惧：父母年纪大了就必定日益衰老、接近死亡，故忧惧担心。

译文

孔子说："不能不知道父母的年龄。一方面为他们长寿而欢喜，另一方面为他们年高而担心。"

原文

子曰："德不孤，必有邻①。"

注释

①邻：邻人、邻居，这里指思想品格一致、志向相同、能共同合作的人。

译文

孔子说："有道德的人是不会孤立的，必定有很多品格一致的人与他相处。"

原文

子游曰:"事君数^①,斯辱矣^②;朋友数,斯疏矣。"

注释

①数:读 shuò,屡次、多次,这里指频繁地提意见,过分地反复进行劝谏。《四书集注》中说:"事君,谏不行,则当去;导友,善不讷,则当止。至于烦渎,则言者轻、听者厌矣。是以求荣而反辱,求亲而反疏也。"一说,"数"读 shǔ,列举、数落、当面指责。本章的意思是:应注意批评的方式方法,不要当面直说、指出对方的过失并加以责备。这样做反而使对方脸面上下不来台,不容易接受,致"辱"致"疏"。

②斯:副词,就。

译文

子游说:"侍奉君主,如果频繁地提不同意见,就会招来羞辱;对待朋友,如果频繁地提不同意见,就会造成朋友间的疏远。"

公冶长第五

原文

子谓公冶长^①:"可妻也^②,虽在缧绁之中^③,非其罪也。"以其子妻之^④。

注释

①公冶长：姓公冶，名长，字子芝。鲁国人（一说，齐国人），孔子的弟子，传说懂得鸟语。

②妻：本是名词，在这里作动词用，读 qì，指把女儿嫁给他。

③缧绁：捆绑犯人用的黑色的长绳子，这里代指监狱。

④子：指自己的女儿。

译文

孔子评论公冶长："可以把女儿嫁给他。他虽然被囚禁在监狱中，但这不是他的罪过呀。"于是便把女儿嫁给了公冶长。

原文

子谓南容①："邦有道②，不废③；邦无道，免于刑戮④。"以其兄之子妻之。

注释

①南容：姓南宫，名适，一作"括"，又名绍，字子容。鲁国孟僖子之子，孟懿子之兄（一说，弟）。本名仲孙阅，因居于南宫，以之为姓。谥号敬叔，故也称南宫敬叔。孔子的弟子。

②邦有道：指社会秩序好，政治清明，局面稳定，政权巩固，国家太平兴盛。

③废：废弃、废置不用。

④刑戮："戮"，杀。刑戮，泛指受刑罚、受惩治。

译文

孔子评论南容说："国家有道的时候，他会被任用做官；国家无道的时候，他会避免受刑戮。"于是把哥哥的女儿嫁给了南容。

原文

宰予昼寝。子曰："朽木不可雕也，粪土之墙不可杇也①，于予与何诛②？"子曰："始吾于人也，听其言而信其行；今吾于人也，听其言而观其行。于予与改是③。"

注释

①杇（wū）：通"圬"，本指用灰泥抹墙的工具，俗称"抹子"。这里作动词用，指粉刷墙壁。

②与：通"欤"。语气词，在这里表示停顿。诛：谴责、责备、指责。

③是：代词，此、这，在这里指观察人的方法。

译文

宰予白天睡大觉。孔子说："真像是腐朽的木头，实在不能再雕刻什么了；又像粪土做的墙壁，不能再粉刷了。对于宰予这个人，何必再谴责他呢？"孔子又说："开始时，我观察人，是听了他说的话便相信他的行为；现在，我观察人，是听了他的话还要再观察他的行为。宰予这个人使我改变了观察人的方法。"

原文

子曰："吾未见刚者。"或对曰："申枨①。"子曰："枨也欲②，焉得刚?"

①申枨：姓申，名枨，字周，鲁国人。孔子的弟子。一说，就是申党（见《史记·仲尼弟子列传》）。另作"申棠"。

②欲：欲望多。

孔子说："我没见过刚强不屈的人。"有人回答："申枨是刚强的人。"孔子说："申枨啊，他的欲望太多，怎么能刚强呢?"

子贡曰："我不欲人之加诸我也①，吾亦欲无加诸人。"子曰："赐也，非尔所及也②。"

①诸："之于"的合音。

②尔：你。

子贡说："我不愿别人把某事强加在我身上，我也不愿意把事情强加在别人身上。"孔子说："赐呀，这不是你所能够做到的。"

原文

子贡问曰:"孔文子何以谓之'文'也①?"子曰:"敏而好学,不耻下问,是以谓之'文'也。"

注释

①孔文子:卫国的执政上卿,姓孔,名圉,字仲叔,"文"是谥号。古代帝王、贵族、大臣等死后,根据他生前的品德、事迹,所给予的表示褒贬的称号称谥号。"子",是对孔圉的尊称。孔圉死于鲁哀公十五年(公元前480年)。

译文

子贡问:"孔文子的谥号为什么称为'文'呢?"孔子说:"他聪敏,爱好学习,不以向比他地位卑下的人请教为耻,所以给他谥号叫'文'。"

原文

子曰:"伯夷、叔齐不念旧恶①,怨是用希②。"

注释

①伯夷、叔齐:是殷朝末年一个小国的国君孤竹君的两个儿子,兄伯夷(一说,名允,字公信,"夷"是谥号),弟叔齐(一说,名智,字公达,"齐"是谥号)。孤竹君死后,伯夷、叔齐兄弟二人互相让位,谁都不肯做国君。后来,二人都逃到周文王所管辖的区域。周武王兴兵伐纣时,他们曾拦车马进行劝阻。周灭殷后,传说他们二人对改朝换代不

满而耻食周粟，隐居在首阳山，以薇（一种野菜）为食，最终饿死。

②是用：因此。希：通"稀"，少。

译文

孔子说："伯夷、叔齐不记恨过去的仇恨，所以人们对他们的怨恨就减少了。"

原文

子曰："巧言、令色、足恭，左丘明耻之①，丘亦耻之。匿怨而友其人②，左丘明耻之，丘亦耻之。"

注释

①左丘明：春秋时鲁国人，担任过鲁国的太史（朝廷史官），与孔子同时代或较早于孔子。相传左丘明曾为《春秋》作传（称为《左传》），又作《国语》（也有学者认为《左传》和《国语》的作者并非一人，二书也并非左丘明所作）。又传说，左丘明是个盲人，故有"左丘失明"之说。

②匿：隐藏起来，不让人知道。

译文

孔子说："花言巧语、假装出一副和颜好看的脸色、表现出过分的恭敬，左丘明认为这种人可耻，我孔丘也认为这种人可耻。把怨恨隐藏在心里不动声色，表面上却假装出一副与人友善要好的样子，左丘明认为这种人可耻，我孔丘也认为这种人可耻。"

原文

子曰："已矣乎①！吾未见能见其过而内自讼者也②。"

注释

①已：罢了、算了。后面的"矣""乎"都是表示绝望的感叹助词。
②讼：责备。

译文

孔子说："罢了吧！我还没见过看到自身的错误而能发自内心自我责备自己的人。"

原文

子曰："十室之邑①，必有忠信如丘者焉，不如丘之好学也。"

注释

①十室：十户人家。古时，九夫为井，四井为邑，一邑共有三十二户人家。"十室之邑"极言其小，是指尚且不满三十二家的小村邑。

译文

孔子说："就是只有十户人家的小村邑里，也一定有像我这样讲究忠信的人，只是不如我这样爱好学习罢了。"

雍也篇第六

原文

哀公问："弟子孰为好学?"孔子对曰："有颜回者好学，不迁怒①，不贰过②，不幸短命死矣。今也则亡③，未闻好学者也。"

注释

①迁怒：指自己不如意时对别人发火生气，或受了甲的气，却转移目标，拿乙去出气。"迁"，转移。
②贰：再一次，重复。
③亡：通"无"。没有。

译文

鲁哀公问："你的学生中谁是最爱好学习的呢?"孔子回答："有一个叫颜回的学生，很好学，他从来不拿别人出气，不犯同样的过错，但不幸的是他短命死了。现在没有像他那样的人了，也没听到有好学的人了。"

原文

子华使于齐①，冉子为其母请粟②。子曰："与之釜③。"请益④。曰：

"与之庾⑤。"冉子与之粟五秉⑥。子曰："赤之适齐也⑦，乘肥马，衣轻裘⑧。吾闻之也：君子周急不济富⑨。"

注释

①子华：即公西赤。

②冉子：即冉求。"子"是后世记录孔子和他的弟子的言行时加上的尊称。粟：谷子、小米。

③釜：古代容量名。一釜当时合六斗四升。古代的斗小，一斗约合现在的二升，一釜约等于一斗二升八合。一釜粮食仅是一个人一月的口粮。

④益：增添、增加。

⑤庾：古代容量名。一庾当时合十六斗，约合现在的三斗二升。

⑥秉：古代容量名。一秉合十六斛，一斛合十斗。"五秉"就是八百斗（八十石），约合现在的十六石。

⑦适：往、去。

⑧衣：穿。

⑨周：周济、救济。济：接济、增益。

译文

子华出使齐国，冉求为子华的母亲向孔子请求补助一些小米。孔子说："给他六斗四升。"冉求请求再多给些。孔子说："再给他二斗四升。"冉求却给了他八十石小米。孔子说："公西赤到齐国去，乘坐肥马驾的车，身穿又轻又暖的皮衣。我听说过，君子应周济急需救济的人，而不是周济富有的人。"

原文

原思为之宰①，与之粟九百②，辞。子曰："毋③！以与尔邻里乡党乎④!"

注释

①原思:孔子的弟子。姓原,名宪,字子思。鲁国人(一说,宋国人)。生于公元前515年,卒年不详。孔子在鲁国任司寇(司法官员)时,原思在孔子家做过总管(家臣)。孔子死后,原思退隐,居卫国。之:指代孔子。

②之:代指原思。九百:九百斗。一说,指九百斛,不可确考。

③毋:不要,勿。

④邻里乡党:古代以五家为邻,二十五家为里,五百家为党,二千五百家为乡。这里泛指原思家乡的人们。

译文

原思在孔子家做总管,孔子给他九百斗小米,原思推辞不要。孔子说:"不要推辞!拿去给你家乡的人们吧!"

原文

子谓仲弓,曰:"犁牛之子骍且角①。虽欲勿用,山川其舍诸②?"

注释

①"犁牛"句:"犁牛",杂色的耕牛。"子",指小牛犊。"骍",赤色牛。周代崇尚赤色,祭祀用牛,要求长着红毛和端正的长角,不能用普通的耕牛来代替。这里用"犁牛之子"比喻冉雍(仲弓)。据说冉雍的父亲是失去贵族身份的"贱人",品行也不好。孔子认为,冉雍的德行才学都好,子能改父之过,变恶为美,是可以做大官的(当时冉雍担任季氏的家臣)。

②山川：指山川之神，这里比喻君主或贵族统治者。其：表示反问的语助词，怎么会、难道、哪能。舍：舍弃、不用。

译文

孔子评论仲弓说："耕牛生了一个小牛犊，长着整齐的红毛和端正的硬角，虽然不想用它作为祭品，但山川之神怎么愿意舍弃它呢？"

原文

子曰："回也，其心三月不违仁①，其余则日月至焉而已矣②。"

注释

①三月：不是具体指三个月，而是泛指较长的时间。
②日月：一天，一月，泛指较短的时间。至：达到、做到。

译文

孔子说："颜回啊，他的内心可以在长时间内始终不违背仁德，其余的弟子们只能在短时间内做到仁而已。"

原文

子曰："贤哉回也！一箪食①，一瓢饮，在陋巷，人不堪其忧，回也不改其乐。贤哉回也！"

注释

①箪：古时盛饭用的一种圆形竹器。食：饭。

译文

孔子说:"颜回的品德好呀!他满足于一竹筒子饭,一瓢水,住在简陋狭小的巷子里。一般人都忍受不了这种穷困清苦,颜回却没有改变他好学的乐趣。颜回的品德好呀!"

原文

子曰:"质胜文则野①,文胜质则史②。文质彬彬③,然后君子。"

注释

①质:质朴、朴实的内容,内在的思想感情。孔子认为仁义是质。文:文采,华丽的装饰、外在的礼仪。孔子认为礼乐是文。

②史:本义是宗庙里掌礼仪的祝官或官府里掌文书的史官,这里指像"史"那样,言辞华丽、虚浮铺陈,心里并无诚意。

③彬彬:文质兼备相称,文与质互相融合,配合恰当。

译文

孔子说:"内在的质朴胜过外在的文采,就未免粗野;外在的文采胜过内在的质朴,就未免有些浮夸虚伪了。只有把文采与质朴互相融合配合恰当,然后才能成为君子。"

原文

子曰:"人之生也直①,罔之生也幸而免②。"

注释

①直：正直、无私。
②罔：诬罔、虚妄，指不正直的人。

译文

孔子说："一个人能够很好地生存，是由于他正直；不正直的人也能生存，只是生存方式不同，不过他是由于侥幸而避免了祸患。"

原文

子曰："知之者不如好之者①，好之者不如乐之者。"

注释

①好：喜爱。

译文

孔子说："（对任何事业都一样）懂得它的人，不如爱好它的人；爱好它的人，不如以它为乐的人。"

原文

子曰："中人以上，可以语上也①；中人以下，不可以语上也。"

注释

①语：告诉、讲、说。

译文

孔子说："对有着中等水平以上才智的人，可以说一些高深的知识学问；对有中等水平以下才智的人，就不可以说那些高深的知识学问。"

原文

子曰："知者乐水①，仁者乐山②；知者动，仁者静；知者乐，仁者寿。"

注释

①知者乐水：水流动而不停滞，随岸赋形，与智者相似，故曰。
②仁者乐山：山形巍然，屹立而不动摇，与仁者相似，故曰。

译文

孔子说："聪明智慧的人爱水，有仁德的人爱山；聪明智慧的人活跃，有仁德的人沉静；聪明智慧的人常乐，有仁德的人长寿。"

述而篇第七

原文

子曰："述而不作^①，信而好古，窃比于我老彭^②。"

注释

①述：传述、阐述。作：创造、创作。

②窃：私下、私自，第一人称的谦称。我老彭："老彭"，指彭祖，传说姓钱，名铿，是颛顼（五帝之一）之孙陆终氏的后裔，封于彭城（今徐州），仕虞、夏、商三代。至殷王时已七百六十七岁（一说长寿达八百岁）。彭祖是有名的贤大夫，自小爱恬静养生，观览古书，好述古事（见《神仙传》《列仙传》《庄子》）。"老彭"前加"我"是表示孔子对"老彭"的尊敬与亲切之感，如同说"我的老彭"。一说，"老彭"指老子和彭祖两个人。

译文

孔子说："只传述旧的文化典籍而不创作新的文化典籍，相信而且喜好古代的文化，我把自己比作老彭。"

原文

子曰："默而识之^①，学而不厌^②，诲人不倦^③，何有于我哉^④？"

注释

①识：牢记、记住，指潜心思考，加以辨别，存之于心。

②厌：通"餍"，本义是饱食，引申为满足。

③诲：教诲、教导、诱导。

④"何有"句：即"于我何有哉"。这是孔子严格要求自己的谦虚之词，意思是说：以上那几方面，我做到了哪些（一说，还有什么困难或遗憾）呢？

译文

孔子说："默默地记住所见所闻所学的知识，学习永无止境永不满足，又有耐心地教导别人而不知倦怠，这三方面我做到了哪些呢？"

原文

子曰："德之不修，学之不讲，闻义不能徙①，不善不能改②，是吾忧也。"

注释

①义：这里指正义的、合乎道义义理的事。徙：本义是迁移。这里指徙而从之，使自己的所作所为靠近义。

②不善：不好，指缺点、错误。

译文

孔子说："不去修养品德，不去讲习学问，听到了合乎道义的事却不去做，对缺点错误不能及时加以改正，这些都是我所忧虑的事情。"

原文

子曰："不愤不启①，不悱不发②，举一隅不以三隅反③，则不复也。"

注释

①愤：思考问题有疑难之处，苦思冥想而仍然没想通，仍然领会不了的样子。

②悱：想说而不能明确地表达，说不出来的样子。

③隅：角落，角。这里比喻已知一点，去进行推论，由此及彼，触类旁通。这句就是成语"举一反三"和"启发"一词的由来。

译文

孔子说："教学生直到他苦思冥想仍领会不了的时候再去开导他，不到他想说而又说不出来的时候不去启发他，告诉他一个方面的东西，他却不能由此推知其他三个方面的东西，那就不要再去教他了。"

原文

子食于有丧者之侧①，未尝饱也。

注释

①有丧者：有丧事的人，指刚刚死去亲属的人。孔子在有丧事的人面前，因同情失去亲人的人，食欲不振，吃饭无味，故云"未尝饱也"。

译文

孔子在有丧事的人旁边吃饭，从未吃饱过。

原文

子曰："饭疏食①，饮水，曲肱而枕之②，乐亦在其中矣。不义而富且贵，于我如浮云。"

注释

①饭：作动词用，吃。疏食：指粗粮、粗糙的饭食。

②肱：由肩到胳膊肘这一部位，一般也泛指胳膊。

译文

孔子说："吃粗粮，喝清水，弯起胳膊垫着当枕头，乐趣就在其中了。用不道义的手段得到富与贵，对于我而言，那些富贵就如同天上的浮云。"

原文

子曰："我非生而知之者，好古，敏以求之者也。"

译文

孔子说："我不是一生下来就是有知识的人，只是因为我爱好古代文化，而勤奋敏捷地去求得知识。"

原文

子曰："三人行，必有我师焉。择其善者而从之，其不善者而改之。"

译文

孔子说："几个人一起走，其中必定有可以做我老师的人。选择他的优点长处，跟着他学习；看到有什么不好的地方，就检查自己，反省自己，并加以改正。"

原文

子以四教：文①、行②、忠③、信④。

注释

①文：文化知识、历史文献。
②行：行为规范、道德修养、社会实践。
③忠：忠诚老实。
④信：讲信用，言行一致。

译文

孔子从四个方面教育学生：历史文献、行为规范、忠诚老实、讲究信用。

原文

子曰："君子坦荡荡①，小人长戚戚②。"

注释

①坦：安闲、开朗、直率。荡荡：宽广、辽阔。
②长：经常、总是。戚戚：忧愁、哀伤、局促不安、患得患失。

译文

孔子说："君子光明磊落、心胸坦荡，小人斤斤计较、患得患失。"

泰伯篇第八

原文

子曰："泰伯，其可谓至德也已矣①，三以天下让②，民无得而称焉。"

注释

①泰伯：周朝姬氏的祖先有名叫古公亶父的，又称"太伯"。古公亶父共有三个儿子：长子泰伯，次子仲雍，三子季历（周文王姬昌的父亲）。传说古公亶父见孙儿姬昌德才兼备，有意把王位传给季历，谋求后世能扩展基业，日后可大展宏图。泰伯体察到父亲的意愿，就主动把王位的继承权让给三弟季历；而季历则认为，按照惯例，王位应当由长兄继承，自己不能继位。后来，泰伯和二弟仲雍商定，以去衡山采药为由，一起悄悄离开国都，避居于荆蛮地区的句吴。泰伯后来便成为周代吴国

的始祖。

②"三以"句："天下"代指王位。第一次让，是泰伯离开国都，避而出走。第二次让，是泰伯知悉父亲古公亶父去世，有意不返回奔丧，以避免被众臣拥立接受王位。第三次让，是发丧之后，众臣议立新国君时，泰伯在荆蛮地区，为表示永不返回的决心，索性与当地黎民一样，断发文身。这样，他的三弟季历只好继承王位。有了泰伯的这"三让"，才给后来姬昌（周文王）继位统一天下创造了条件，奠定了基础。因此，孔子高度称赞泰伯。

译文

孔子说："泰伯，他可以说是品德最高尚的人，多次以天下相让，人民真不知该用什么样的言语称赞他。"

原文

子曰："恭而无礼则劳，慎而无礼则葸①，勇而无礼则乱，直而无礼则绞②。君子笃于亲③，则民兴于仁；故旧不遗，则民不偷④。"

注释

①葸：过分拘谨、胆怯懦弱。
②绞：说话尖酸刻薄，出口伤人。
③笃：诚实，厚待。
④偷：刻薄。

译文

孔子说："只是容貌态度恭敬顺从而没有礼来指导就会虚于敷衍，只是做事谨慎小心而没有礼来指导就会胆怯懦弱，只是英勇强悍而没有礼来指导就会作乱，只是刚正率直而没有礼来指导就会说话刻薄尖酸。如果君子厚待百姓，老百姓就会兴起仁的风气；如果君子不遗忘老朋友，老百姓就不会对人冷漠无情了。"

原文

曾子有疾，孟敬子问之①。曾子言曰："鸟之将死，其鸣也哀②；人之将死，其言也善。君子所贵乎道者三：动容貌③，斯远暴慢矣；正颜色，斯近信矣；出辞气④，斯远鄙倍矣⑤。笾豆之事⑥，则有司存⑦。"

注释

①孟敬子：姓仲孙，名捷，武伯之子，鲁国大夫。问：看望、探视、慰问。

②也：语气助词。表示停顿，引起下文，兼有舒缓语气的作用。

③动容貌：即"动容貌以礼"，指容貌谦和、恭敬、从容、严肃等。

④出辞气：即"出辞气以礼"。"出"，指出言、发言。"辞气"，指所用的词句和语气。

⑤鄙倍："鄙"，粗野。"倍"通"背"，指悖谬、不合理、错误。

⑥笾豆之事："笾"，古代一种竹制的礼器，圆口，下面有高脚，在祭祀宴享时用来盛果脯。"豆"，古代一种盛食物或肉的器皿，木制，有盖，形状像高脚盘。笾和豆都是古代祭祀和典礼中的用具。笾豆之事，就是指祭祀或礼仪方面的事务。

⑦有司：古代指主管某一方面事务的官吏，这里具体指管理祭祀或礼仪的小官吏。存：有，存在。

译文

曾子病重，孟敬子前去探望。曾子说："鸟面临死亡时，鸣叫的声音都是悲哀的；人面临死亡的时候，说的每句话都是发自肺腑的。应当被君子重视的道德有三方面：容貌谦和严肃，就可避免粗暴急躁、放肆怠慢；脸色正派庄重，就接近于诚实守信；说话注意言辞得体，语气声调合宜，就可以避免粗鲁和错误。至于祭祀和礼节仪式，自有主管的官吏去办。"

原文

曾子曰："士不可以不弘毅，任重而道远。仁以为己任，不亦重乎？死而后已，不亦远乎？"

译文

曾子说："士，不可以不心胸开阔、意志坚强，因为责任重大，路程遥远。把实现'仁'看作自己的首要任务，不也是很重大的事吗？要终生为之奋斗直到死才停止，路程不也是很遥远吗？"

原文

子曰："兴于《诗》①，立于礼②，成于乐③。"

注释

①兴：兴起、勃发、激励，指受到《诗经》的感染，而热爱真善美，憎恨假恶丑。

②立：立足于社会，树立道德观。

③成：完成、达到，这里指以音乐来陶冶性情，培养高尚的人格，完成学业，最终达到全社会"礼乐之治"的最高境界。

译文

孔子说："用《诗经》激励志气，用礼作为道德行为规范的立足点，用音乐完成人格修养，从而达到全社会礼乐之治的最高境界。"

原文

子曰："笃信好学，守死善道^①，危邦不入，乱邦不居^②。天下有道则见^③，无道则隐。邦有道，贫且贱焉，耻也；邦无道，富且贵焉，耻也。"

注释

①道：这里指治国做人的原则与方法。下文"邦有道""邦无道"则是指社会政治局面的好与坏，国家政治是否走上正道。

②危邦、乱邦：东汉儒学家包成解说："臣弑君，子弑父，乱也；危者，将乱之兆（征兆、预兆）也。"

③见：通"现"，表现、出现、出来。

译文

孔子说："坚定信念，努力学习，誓死保全治国与做人的大道，不进入政局不稳的国家，不居住在动乱的国家。天下太平，就出来从政；天下不太平，就隐居起来。国家有道而自己贫穷，是耻辱；国家无道而自己富贵，也是耻辱。"

原文

子曰："不在其位，不谋其政^①。"

注释

①谋：参与、考虑、谋划。

译文

孔子说："不在那个职位上，就不要参与和过问那方面的政事。"

子罕篇第九

原文

子罕言利①，与命与仁②。

注释

①罕：少。

②与：赞同、肯定。一说，"与"是连词"和"，则此句的意思为：孔子很少谈利益、天命和仁德。宋儒程颐曾说："计利财害义，命之理微，仁之道大，皆夫子所罕言也。"但是，综观《论语》全书，共用"命"字21次，其中含"命运""天命"意义的有10次；共用"仁"字109次，其中含"仁德"意义的达105次。由此看来，说孔子很少谈天命和仁德是缺乏根据的。

译文

孔子很少谈利益，却赞同天命，赞许仁德。

原文

子绝四：毋意①，毋必②，毋固③，毋我④。

注释

①毋：通"勿"，指不，不要。意：通"臆"，推测、猜想。
②必：必定、绝对化。
③固：固执、拘泥。
④我：自私、自以为是、唯我独尊。

译文

孔子杜绝了四种缺点：不要凭空猜测，不绝对肯定，不固执拘泥，不自以为是。

原文

颜渊喟然叹曰①："仰之弥高②，钻之弥坚③；瞻之在前④，忽焉在后。夫子循循然善诱人⑤，博我以文，约我以礼，欲罢不能，既竭吾才。如有所立卓尔⑥，虽欲从之，末由也已⑦。"

注释

①喟：叹气、叹息。

②弥：更加、越发。

③钻：深入钻研。坚：本意是坚硬、坚固，这里引申为深邃。

④瞻：看、视。

⑤循循然：一步一步有次序。诱：引导、诱导。

⑥卓尔：高大直立的样子。

⑦末由：指不知从什么地方，不知怎么办，没有办法达到。"末"通"莫"，没有、无。"由"，途径。

译文

颜渊感叹地说："老师的道德品格高尚，抬头仰望，越望越觉得没有边际；努力去钻研，越钻研越觉得深邃；看着好像在前面，忽然又在后面。老师善于逐步地引导人，用文化典籍来丰富我的知识，用礼节约束我的行动，使我想停止学习都不可能，我已经用尽了全力。好像前面立有一个非常高大的东西，虽很想要攀登上去，却没有可循的途径。"

原文

子曰："出则事公卿，入则事父兄，丧事不敢不勉，不为酒困，何有于我哉①?"

注释

①"何有"句意为：对我来说有什么困难吗?

译文

孔子说："在外从政就侍奉君王公卿，在家就侍奉父母兄长，办理丧事不敢不勤勉尽力，生活中不被酒所困，这些事对我来说有什么困难吗?"

原文

子在川上曰："逝者如斯夫①，不舍昼夜②。"

注释

①逝者：指逝去的岁月、时光。斯：这，这里指河水。夫：语气助词。
②舍：止、停留。

译文

孔子在河边说："消逝的时光就像这河水一样啊！日夜不停地流去。"

原文

子曰："后生可畏，焉知来者之不如今也？四十、五十而无闻焉，斯亦不足畏也已。"

译文

孔子说："年轻人是值得敬畏的，怎么知道后一代不如前一代呢？但如果到了四十岁、五十岁还默默无闻，那他就不值得敬畏了。"

原文

子曰："法语之言①，能无从乎？改之为贵。巽与之言②，能无说乎③？绎之为贵④。说而不绎，从而不改，吾未如之何也已矣。"

注释

①法语之言：指符合礼法规范、符合国家法令的正确的话。"法"，法则、规则、原则。

②巽与之言："巽"通"逊"，谦逊、恭顺。"与"，赞许、称赞。巽与之言，指那种顺耳好听的、恭维称道的言辞。

③说：通"悦"，指高兴。

④绎：本义是抽出或理出事物的头绪，引申为寻究事理，分析鉴别以便判断真假是非。

译文

孔子说："符合礼法的话，谁能不听从呢？但只有按照礼法原则改正自己的缺点错误才是可贵的。好听顺耳的话，能不让人高兴吗？但只有分析鉴别这些话的真伪是非才是可贵的。只高兴而不分析鉴别，只表示听从而不改正错误，对于这样的人我实在没有什么办法啊。"

原文

子曰："主忠信，毋友不如己者，过则勿惮改。"

译文

孔子说："做人要以忠诚、守信用为主，不要同不如自己的人交朋友，如果有了过错就不要害怕改正。"

原文

子曰："三军可夺帅也①，匹夫不可夺志也②。"

注释

①三军：古制，一万二千五百人为一军。周朝时一个大诸侯国可拥有三军（三万七千五百人）。

②匹夫：普通的人、男子。

译文

孔子说："三军可以夺去它的主帅，一个男子汉的志向是不能强迫改变的。"

原文

子曰："岁寒，然后知松柏之后凋也①。"

注释

①凋：凋零、萎谢，指草木花叶脱落。松柏树四季常青，经冬天而不凋谢。孔子以此为喻，有"烈火见真金""路遥知马力""国乱识忠臣""士穷显节义"的含义。

译文

孔子说："到了一年最寒冷的时候，才知道松树柏树是最后才凋谢的。"

原文

子曰："知者不惑①，仁者不忧，勇者不惧。"

注释

①知：通"智"，指智慧。智、仁、勇是孔子所提倡的三种传统美德。

译文

孔子说："聪明智慧的人不会被迷惑，有仁德的人不会忧愁，真正勇敢的人不会畏惧。"

乡党篇第十

原文

孔子于乡党①，恂恂如也②，似不能言者。其在宗庙、朝廷，便便言③，唯谨尔。

注释

①乡党：指在家乡本地。古代一万二千五百户为一乡，五百户为一党。
②恂恂：信实谦卑、温和恭顺而又郑重谨慎的样子。
③便便：擅长谈论、善辩。

译文

孔子在家乡时表现得信实谦卑、温和恭顺，似乎是不善于讲话的人。但是在宗庙祭祀、朝廷会见君臣的场合，他却善于言谈，辩论详明，只是比较谨慎而已。

原文

朝，与下大夫言①，侃侃如也②；与上大夫言，訚訚如也③。君在，踧踖如也④，与与如也⑤。

注释

①下大夫：周代诸侯以下是大夫。大夫的最高一级称"卿"，即"上大夫"；地位低于上大夫的称"下大夫"。孔子当时的地位属于下大夫。
②侃侃：说话时刚直和乐、理直气壮而又从容不迫。
③訚訚：和颜悦色而能中正诚恳、尽言相诤。
④踧踖：恭敬而又不安的样子。
⑤与与：慢步行走，小心谨慎的样子。

译文

孔子在上朝的时候，（当君王还未临朝时）与同级的下大夫说话从容不迫；与地位尊贵的上大夫说话中正诚恳。君王临朝到来，孔子表现出恭敬而又不安的样子，慢步行走又小心谨慎，仪态适中。

原文

食不语，寝不言。

译文

吃饭时不说话，睡觉时也不说话。

原文

席不正①，不坐。

注释

①席：坐席。古代没有椅子、凳子，在地上铺上席子当作坐具。

译文

席子摆放得不端正，不坐下。

原文

乡人饮酒①，杖者出②，斯出矣。

注释

①乡人饮酒：指举行乡饮酒礼。乡饮酒礼是周代流行的宴饮风俗，主要目的是向国家推荐贤者，由乡大夫作为主人设宴，后演变为地方官设宴招待应举之士，此宴为"乡饮酒"。

②杖者：拄拐杖的人，即老年人。我国古代素有尊老敬老的传统美德。周礼讲："五十杖于家，六十杖于乡，七十杖于国，八十杖于朝。九十者，天子欲有问焉，则就于其家。"对九十岁的老人，就算天子有事要

问,也要到老人的家里去问。

译文

在举行乡饮酒礼后,(孔子)一定要等老年人先走出去,然后自己才出去。

原文

问人于他邦①,再拜而送之。

注释

①问:问候、问好,这里指托别人代为致意。

译文

孔子托别人代为问候在其他诸侯国的朋友时,躬身下拜,向受托者拜两次送行。

原文

厩焚①。子退朝,曰:"伤人乎?"不问马。

注释

①厩:马棚、马房。后泛指牲口房。

译文

马棚失火焚毁了。孔子从朝廷回来，问："伤人了吗?"却不问马的情况怎么样。

原文

寝不尸①，居不客②。

注释

①尸：死尸，这里指像死尸一样展开手足仰卧。

②居：坐。客：宾客，这里用作动词，指像做客或接待客人那样郑重地坐着——两膝平跪，挺直腰板。这是一种比较费力的姿势。这一句，有的版本是"居不容"，意思为：平日居家可以随便一点，不必像祭祀或接待宾客时那样拘谨，不必使自己的容貌仪态郑重严肃。

译文

睡觉时不要像死尸那样直挺挺地躺着，平日在家时也不要像做客或接待客人时那样严肃。

原文

见齐衰者①，虽狎②，必变。见冕者与瞽者③，虽亵④，必以貌。凶服者⑤，式之⑥。式负版者⑦。有盛馔⑧，必变色而作⑨。迅雷风烈必变。

注释

①齐衰：孝服。

②狎：亲近、亲密。

③冕者：穿礼服、官服的人。瞽者：盲人。

④亵：亲近，这里指平日里经常见面的、熟悉的人。

⑤凶服：丧服，也指死人的衣物。

⑥式：通"轼"，车前做扶手用的横木，这里指身子向前微俯，伏在横木上，表示同情或尊敬，这是当时社会上的一种礼节。

⑦负：背负。版：指国家的图籍（疆域地图，或田亩、户口名册等）。

⑧盛馔：指盛大丰足的筵席。"馔"，饮食。

⑨作：起立，站起身来。

译文

孔子见到穿孝服的人，即使和他关系再亲密，也一定要把态度变得严肃起来。见到穿官服的人和盲人，就是平日常在一起的熟人，也一定要对他有礼貌。乘车时途中遇上穿丧服或送死人衣物的人，要俯下身伏在车前的横木上。遇上背着国家的户籍册、疆域图的人，也要伏在车前的横木上。做客时遇有丰盛的筵席，态度要庄重，并站起来致谢。遇见迅急的雷电和猛烈的大风，一定要神态变得庄严以示对上天的敬畏。

原文

升车，必正立，执绥①。车中，不内顾，不疾言，不亲指②。

注释

①绥：古代车上设置的上车时扶手用的索带。

②不亲指：不举起自己的手指指画画。这里说的"不内顾，不疾言，不亲指"，都是为了集中精力驾好车，防止自己仪容态失礼或使别人产生疑惑。

译文

孔子上车时，一定先站正了身子，拉住扶手上的索带然后登车。在车上不向车内回头看，不急促地高声说话，不用手指指画画。

先进篇第十一

原文

子曰："先进于礼乐①，野人也②；后进于礼乐，君子也③。如用之，则吾从先进。"

注释

①"先进"句：指先在学习礼乐方面有所进益，先掌握了礼乐方面的知识。"后进"与之相反。

②野人：这里指庶民、没有爵禄的平民，与世袭贵族相对。

③君子：这里指有爵位的贵族、世卿子弟。

译文

孔子说："先学习礼乐而后做官的人，是无爵禄的平民；先做官而后学习礼乐的人，是贵族世卿的子弟。如果要选用人才，我将选用先学习礼乐的人。"

原文

闵子侍侧[①]，訚訚如也[②]；子路，行行如也[③]；冉有、子贡，侃侃如也。子乐。"若由也[④]，不得其死然[⑤]。"

注释

①闵子：即闵子骞。
②訚（yín）訚：和悦而恭敬的样子。
③行行：形容性格刚强勇猛。
④由：仲由，字子路。
⑤"不得"句：指得不到善终，不能正常地因衰老而死亡。孔子虑子路过于刚勇，好斗取祸而危及生命。后来，子路果然死于卫国的孔悝之乱。"然"，语气词。

译文

闵子侍立在孔子身边，表现出和悦而恭敬的样子；子路一副刚强的样子；冉有、子贡一副温和快乐的样子。孔子很高兴。但又担心说："像仲由（子路）这样过于勇猛刚强，恐怕得不到善终啊。"

原文

鲁人为长府①。闵子骞曰："仍旧贯，如之何？何必改作？"子曰："夫人不言②，言必有中③。"

注释

①鲁人：指鲁国的当权者季氏。为：制造，在这里是改建、翻修的意思。长府：鲁国国库名，一说宫室名。

②夫人：这个人，指闵子骞。

③中：这里指说的话能正中要害，说到点子上。

译文

鲁国的执政者要改建国库长府。闵子骞说："仍旧沿袭老样子如何？何必改建呢？"孔子说："这个人不说则已，一说就说到要害上。"

原文

子贡问："师与商也孰贤①？"子曰："师也过，商也不及。"曰："然则师愈与②？"子曰："过犹不及③。"

注释

①师：即子张。此人才高意广，做事常有过分之处。商：即子夏，拘谨保守，做事常有不及之处。孰：谁。

②愈：胜过、更好些、强一些。与：通"欤"，语气助词，表疑问。

③犹：似、如、如同。

译文

　　子贡问："子张和子夏谁更好一些呢？"孔子说："子张做事过分，子夏做事不足。"子贡说："那么是子张比较好一些吗？"孔子说："做过分了和做得不足、不够是一样的。"

原文

　　子路问："闻斯行诸^①？"子曰"有父兄在，如之何其闻斯行之？"冉有问："闻斯行诸？"子曰"闻斯行之。"公西华曰："由也问闻斯行诸，子曰'有父兄在'；求也问'闻斯行诸^②，子曰'闻斯行之'。赤也惑^③，敢问。"子曰："求也退，故进之；由也兼人^④，故退之。"

注释

　　①斯：代词，这里代指道理、义理或应该做的事。诸："之乎"二字的合音。
　　②求：即冉求，名求，字子有，也称冉有。
　　③赤：即公西华，名赤，字子华，也称公西华。
　　④兼人：指仲由刚勇、敢作敢为，一个人能顶两个人。

译文

　　子路问："听到了道理（应该去做这件事）就马上行动吗？"孔子说："有父兄在，怎能不请示父兄就马上行动呢？"冉有问："听到了道理（应该去做这件事）就马上行动吗？"孔子说："听到了就马上行动。"公西华问孔子说："仲由问'听到了就马上行动吗'，您说'有父兄在'就要先请示父兄；冉求也问'听到了就马上行动吗'，您说'听到了就马上行动'。这使我迷惑，所以我大胆地问问为何两个回答不同。"孔子说："冉求做事畏缩不前，所以要鼓励他大胆前进一步；仲由刚勇，一个人能顶两个人，所以要抑制约束他先慎重地退后一步。"

原文

季子然问①："仲由、冉求可谓大臣与？"子曰："吾以子为异之问②，曾由与求之问③。所谓大臣者，以道事君，不可则止。今由与求也，可谓具臣矣④。"曰："然则从之者与？"子曰："弑父与君，亦不从也。"

注释

①季子然：姓季孙，名平子，字子然，乃季孙意如之子，鲁国季氏的同族人。因为季氏任用子路、冉有为臣，所以季子然向孔子提出了这一问题。

②子：先生，尊称对方。为异之问：问的别的人。"异"，不同的、其他的。

③曾：乃，原来是。

④具臣：有做官的才能。"具"，才能。

译文

季子然问："仲由、冉求可以算是大臣吗？"孔子说："我以为你是问别的人，原来问仲由和冉求啊。所谓大臣，是能够用正道侍奉君主的人，如果不能这样，就宁可辞职不干。现在仲由和冉求只能说是具备做大臣的才能。"季子然说："他们做什么事都跟从季氏吗？"孔子说："杀父亲、杀君主那种事是不会跟从的。"

原文

子路、曾皙①、冉有、公西华侍坐。子曰："以吾一日长乎尔，毋吾以也②。居则曰③：'不吾知也！'如或知尔，则何以哉？"子路率尔而对曰④："千乘之国⑤，摄乎大国之间⑥，加之以师旅⑦，因之以饥馑⑧，由也为之，比及三年⑨，可使有勇，且知方也⑩。"夫子哂之⑪。"求！尔何如？"对曰："方六七十，如五六十，求也为之，比及三年，可使足民。如其礼乐，以俟⑫君子。""赤⑬！尔何如？"对曰："非曰能之，愿学焉。宗庙之事，如会同⑭，端章甫⑮，愿为小相焉⑯。""点，尔何如？"鼓瑟希⑰，铿尔⑱，舍瑟而作⑲，对曰："异乎三子者之撰⑳。"子曰："何伤乎㉑？亦各言其志也。"曰："莫春者㉒，春服既成㉓，冠者五六人㉔，童子六七人，浴乎沂㉕，风乎舞雩㉖，咏而归。"夫子喟然叹曰："吾与点也！"三子者出，曾皙后。曾皙曰："夫三子者之言何如？"子曰："亦各言其志也已矣。"曰："夫子何哂由也？"曰："为国以礼，其言不让，是故哂之。""唯求则非邦也与㉗？""安见方六七十如五六十而非邦也者？""唯赤则非邦也与？""宗庙会同，非诸侯而何？赤也为之小，孰能为之大？"

注释

①曾皙：姓曾，名点，字子皙，是曾参的父亲。南武城人，也是孔子的弟子。

②毋吾以：不要因我而受拘束，而停止说话，不肯发言。"毋"，不、不要。"以"通"已"，停止。

③居：平时、平素。

④率尔：轻率地、急忙地。

⑤千乘之国："乘"，兵车。古代常以兵车数作为国家大小的标志，按土地多少出兵车，出一千辆兵车就是拥有纵横一百里面积的诸侯国。

⑥摄：夹在其中，受局促、受逼迫、受管束。

⑦师旅：古代军队组织，五人为伍，五伍为两，四两为卒（100人），五卒为旅（500人），五旅为师（2500人），五师为军。"加之以师旅"，犹言发生战争，受别国军队的侵犯。

⑧饥馑：荒年、灾荒、凶年。

⑨比及：等到、到了。

⑩知方：指懂得道义、遵守礼义。

⑪哂：微笑、讥笑。

⑫俟：等待。

⑬赤：即公西华。

⑭会同：诸侯会盟。两诸侯相见叫"会"，许多诸侯一起相见叫"同"。

⑮端章甫："端"也写作"褍"，周代的一种礼服，也叫"玄端"。"章甫"，一种礼帽，这里泛指穿着礼服。

⑯相：在祭祀、会同时行赞礼的人员，也叫傧相。他们有不同的职位等级，故文中有"小相""大相"之说。

⑰希：通"稀"，稀疏（节奏速度放慢）。

⑱铿尔：铿的一声。形容乐声有节奏而响亮。一说，曲终拨动瑟弦的余音。

⑲作：站起身来。

⑳三子：三位。"子"是对同学的尊称。撰：通"譔"，陈述的事、说的话。

㉑伤：妨害、妨碍。

㉒莫：通"暮"。

㉓春服：指春天穿的夹衣（里表两层）。既：已经。成：定，穿得住了。

㉔冠者：成年人。古代男子二十岁举行冠礼。束发加冠，表示已经成年。

㉕沂：河流名。发源于山东省邹城市东北，经曲阜市南及江苏省北部，流入黄海。传说当时该处有温泉。

㉖风：作动词用，乘凉。舞雩："雩"，古代求雨的祭坛。因人们乞雨必舞，故称"舞雩"，这里指鲁国祭天求雨的台子，在今曲阜市南，有坛有树。

㉗唯：句首助词，无实际意义。

译文

子路、曾皙、冉有、公西华陪孔子闲坐着。孔子说："不要因我比你们年长而拘束不敢说。你们平时常说：'没人了解我啊！'假如有人了解你们要任用你们，你们打算怎样做呢？"子路轻率直爽，急忙回答说："一个拥有一千辆兵车的国家，夹在大国之间，受别国军队的侵犯，又遇上凶年饥荒，让我去治理，只要三年，就可以使人民勇敢善战，而且知道遵守礼仪。"孔子微笑了一下。孔子又问："冉求，你呢？"冉求回答说："一个纵横六七十里，或者五六十里的地方，让我去治理，只要三年，就可以使人民富足。至于礼乐教化方面，那要等待君子去施行了。"孔子又问："公西华，你呢？"公西华回答说："我不敢说能够做到什么程度，而是愿意学习。在宗庙祭祀的事务上，或者与别的国家的盟会中，我穿上礼服，戴上礼帽，愿意做一个小小的赞礼人。"孔子又问："曾点，你呢？"曾点正在弹瑟，声音稀疏，铿的一声停了，他放下瑟，站起身来，回答说："我的志向与三位不同。"孔子说："那又有什么关系呢？不妨说说，也就是各人谈谈自己的志向而已！"曾点说："暮春时节，春天的衣服已经穿好了，和成年人五六人，少年六七人，去沂河洗洗澡，到舞雩台上吹吹风，唱着歌一路走回来。"孔子长叹一声，说："我是赞成曾点的。"三人出去了，曾皙最后走。曾皙问孔子："这三位说得怎么样呢？"孔子说："也就是各人谈谈自己的志向罢了。"曾皙说："夫子为何笑仲由呢？"孔子说："治理国家要讲究礼让，他说话却不谦让，所以笑他。"曾皙又问："难道冉求所讲的不是治国之事吗？"孔子说："哪里见得纵横六七十里或者五六十里的地方就不是国家呢？"曾皙又问："难道公西华所讲的不是治国之事吗？"孔子说："宗庙祭祀和诸侯会盟，这不是诸侯的事又是什么呢？如果公西华只能做一个小相，谁还能做大相呢？"

颜渊篇第十二

原文

颜渊问仁①。子曰："克己复礼为仁②。一日克己复礼，天下归仁焉③。为仁由己，而由人乎哉？"颜渊曰："请问其目。④"子曰："非礼勿视，非礼勿听，非礼勿言，非礼勿动。"颜渊曰："回虽不敏，请事斯语矣⑤。"

注释

①仁：儒家学说中含义非常广泛的一种道德观念，包括了恭、宽、信、敏、惠、智、勇、忠、恕、孝、悌等内容，而核心是指人与人的相亲相爱。"己所不欲，勿施于人""己欲立而立人，己欲达而达人"则是实行"仁"的主要方法。

②克己复礼："克"，克制、约束、抑制。"己"，自己，这里指一己的私欲。"复"，回复。"礼"，人类社会行为的法则、标准、仪式的总称，包括了社会生活中由于风俗习惯而长期形成又被大家所共同遵守的一整套的礼节仪式：人们相互之间表示尊敬谦让的言语或动作，也包括社会上通行的法纪、道德和礼仪。据《左传·昭公十二年》记载："仲尼曰：'古也有志：克己复礼，仁也。'"可见"克己复礼"是孔子以前就有的古语，儒家将其作为一种自我修养的方法。

③归仁：朱熹说："归，犹与也。""一日克己复礼，则天下之人皆与其仁，极言其效之甚速而至大也。""与"，赞许、称赞。"归"，归顺。这两句的意思是："有一天做到了克制自己，合乎礼，天下就都赞同你是

仁人了。"

④目：纲目、条目、具体要点。

⑤事：从事、实行、实践。

译文

颜渊问怎样做才是仁。孔子说："克制自己，使言行合乎'礼'，就是仁。一天做到克制自己，合乎礼，天下就都赞同你是仁人了。实行仁，完全在于自己，难道还在于别人吗？"颜渊说："请问实行仁的纲领条目有哪些。"孔子说："不符合礼的不看，不符合礼的不听，不符合礼的不说，不符合礼的不做。"颜渊说："我虽然不聪敏，但请让我按照您的话去做吧。"

原文

司马牛问君子。子曰："君子不忧不惧。"曰："不忧不惧，斯谓之君子已乎？"子曰："内省不疚①，夫何忧何惧？"

注释

①省：检查、反省、检讨。疚：对于自己的错误感到内心惭愧，痛苦不安。

译文

司马牛问怎样才是君子。孔子说："君子不忧愁，不恐惧。"司马牛说："不忧愁不恐惧就可以称为君子了吗？"孔子说："自己反省检查，问心无愧，那还有什么忧愁和恐惧呢？"

原文

司马牛忧曰："人皆有兄弟，我独亡①。"子夏曰："商闻之矣：'死生有命，富贵在天。'君子敬而无失，与人恭而有礼，四海之内，皆兄弟也。君子何患乎无兄弟也？"

注释

①我独亡："亡"通"无"。没有。关于司马牛没有兄弟的感叹，传统的说法是：司马牛之兄桓魋，与有巢、子顷、子车等在宋国作乱，失败后逃奔卫、齐、吴、鲁。司马牛虽始终未参与其兄的作乱，不赞成这种行为，但也被迫逃亡到鲁国。因此，司马牛有兄弟等于无兄弟，故发出这样的忧叹。

译文

司马牛忧愁地说："人家都有兄弟，唯独我没有。"子夏说："我听说过：'死生命注定，富贵天安排。'君子只要认真谨慎没有过失，对人恭敬而有礼貌，天下人都是自己的兄弟，君子何愁没有兄弟呢？"

原文

子张问明。子曰："浸润之谮①，肤受之愬②，不行焉③，可谓明也已矣。浸润之谮，肤受之愬，不行焉，可谓远也已矣④。"

注释

①浸润之谮："浸润"，水（液体）一点一滴逐渐湿润渗透进去。

"谮（zèn）"，谗言、说人的坏话。浸润之谮，是说点滴而来、日积月累、好像水逐渐浸润的诬陷中伤。

②肤受之愬："肤受"，皮肤上感受到。"愬"，与谮义近，诽谤。肤受之愬，是说好像皮肤上感觉到疼痛般的急迫切身的诽谤诬告。

③不行：行不通，这里指不为那些暗里明里挑拨诬陷的话所迷惑，不听信谗言。

④远：古语说："远则明之至也。"《尚书·太甲中》说："视远惟明，听德惟聪。"可见"远"及上句中的"明"均指看得明白，看得深远、透彻，而"远"比"明"要更进一步。

译文

子张问怎样做才是最明智的。孔子说："像水一点一滴逐渐渗透的那样的谗言，像皮肤受痛般的诬告，在你那里都行不通，就可以说是明智了。像谗言、诬告都对你行不通，就可以说是有远见了。"

原文

子贡问政。子曰："足食，足兵①，民信之矣。"子贡曰："必不得已而去，于斯三者何先?"曰："去兵。"子贡曰："必不得已而去，于斯二者何先?"曰："去食。自古皆有死，民无信不立。"

注释

①兵：兵器、武器，这里指军备。

译文

子贡向孔子请教怎样治理国家。孔子说："有充足的粮食，有充足的军备，人民信任政府就可以啊。"子贡说："不得已一定要去掉一项，在这三项中哪一项先去掉呢?"孔子说:"去掉军备。"子贡说:"不得已在剩下的这两项中再去掉哪一项呢?"孔子说:"去掉粮食。自古以来人都是要死的,但如果人民对政府不信任,国家政权就不可能存在了。"

原文

子张问崇德辨惑。子曰:"主忠信,徙义①,崇德也。爱之欲其生,恶之欲其死,既欲其生,又欲其死,是惑也。'诚不以富,亦祗以异②。'"

注释

①徙义:指向"义"迁移、靠拢,按照"义"去做事。"徙",迁移。

②"诚不"句:出自《诗经·小雅·我行其野》。意思是:(你这样对待我)即使不是嫌贫爱富,也是喜新厌旧。孔子在此引这两句诗的意思,现已很难推测。有人认为这两句诗本是其他篇章的文字,因竹简编排的次序错了而误引在此处。

译文

子张问怎样提高品德修养和辨别是非。孔子说:"以忠诚信实为主,使自己的思想合于义,就是提高品德。喜爱一个人就希望他永远活着,厌恶起来又恨不得马上让他死去,要他活,又要他死,这就是迷惑。(《诗经》上说:)'即使不是因为嫌贫爱富,也是因为见异思迁、喜新厌旧。'"

原文

齐景公问政于孔子①,孔子对曰:"君君,臣臣,父父,子子。"公曰:"善哉!信如君不君,臣不臣,父不父,子不子,虽有粟,吾得而食诸?"

注释

①齐景公：姓姜，名杵臼，齐庄公异母弟。公元前547—前490年在位。鲁昭公末年，孔子到齐国时，齐大夫陈氏权势日重，而齐景公爱奢侈，多内嬖，厚赋敛，施重刑，不立太子，不听从晏婴的劝谏，国内政治混乱。所以，当齐景公问政时，孔子作了以上的回答。景公虽然口头上赞许同意孔子的意见，却未能真正采纳实行，为君而不尽君道，后来齐国政权终于被陈氏篡夺。

译文

齐景公向孔子询问如何治理国家，孔子回答说："君像君的样子，臣像臣的样子，父像父的样子，子像子的样子。"齐景公说："讲得很好啊！如果君不像君，臣不像臣，父不像父，子不像子，虽然有粮食，我能吃得上吗？"

原文

子曰："君子成人之美，不成人之恶。小人反是。"

译文

孔子说："君子成全别人的好事，不帮别人做成坏事。小人与此相反。"

原文

季康子问政于孔子。孔子对曰："政者，正也。子帅以正，孰敢不正？"

译文

季康子向孔子问怎样治理国家。孔子回答说："政，就是正。你带头走正道，谁敢不走正道？"

原文

季康子问政于孔子曰："如杀无道，以就有道，何如？"孔子对曰："子为政，焉用杀？子欲善而民善矣。君子之德风，小人之德草，草上之风①，必偃②。"

注释

①草上之风：指草上有风，风吹到草上。
②偃：仆倒、倒下。

译文

季康子向孔子询问如何为政治理国家，说道："如果杀掉作恶的坏人，而去亲近为善的好人，如何？"孔子回答说："您为政治理国家，哪里用得上杀戮的手段呢？您想做好事，百姓也会跟着做好事的。君子的品德就像是风，小人的品德就像是草，风吹到草上，草必然随风倒下。"

原文

子贡问友。子曰："忠告而善道之①，不可则止，毋自辱焉②。"

注释

①道：通"导"，引导、诱导。
②毋：勿、不要。

译文

子贡问怎样对待朋友。孔子说："要忠诚地劝告他，委婉恰当地开导他，（如果他）还不听，就算了，不要自取其辱。"

原文

曾子曰："君子以文会友，以友辅仁。"

译文

曾子说："君子以讲习诗书礼乐文章学问来聚会结交朋友，靠朋友互相帮助来培养仁德。"

子路篇第十三

原文

子路问政。子曰："先之①，劳之②。"请益。曰："无倦。"

注释

①先之：指为政者身体力行，凡事率先垂范，以身作则。"之"：代词，指百姓。

②劳之：这里指为政者亲身去干，以自身的"先劳"带动老百姓都勤劳地干，辛勤而无怨。

译文

子路问怎样为政。孔子说："要以身作则，领头去干，带动老百姓都勤劳无怨地干。"（子路）请求多讲一点。（孔子）说："要坚持，永远不要松懈怠惰。"

原文

子曰："其身正，不令而行；其身不正，虽令不从。"

译文

孔子说："本身品行端正，就是不发布命令，人民也会去做；本身品行不正，即使发布命令，人民也不会听从。"

原文

子适卫①，冉有仆②。子曰："庶矣哉③！"冉有曰："既庶矣，又何加焉④？"曰："富之。"曰："既富矣，又何加焉？"曰："教之⑤。"

注释

①适：往、到、去。
②仆：驾车。
③庶：众多，这里指卫国人口众多。
④何加：即"加何"，增加什么，进一步干什么？
⑤教：教育、教化。孔子主张"先富而后教"。

译文

孔子到卫国去，冉有驾车。孔子说："（这儿）人真多啊！"冉有说："人口已经很多了，那该进一步做什么呢？"（孔子）说："让他们富裕起来。"冉有说："已经富裕了，又该进一步做什么呢？"（孔子）说："对他们进行教化。"

原文

定公问："一言而可以兴邦，有诸①？"孔子对曰："言不可以若是，其几也②。人之言曰：'为君难，为臣不易。'如知为君之难也，不几乎一言而兴邦乎？"曰："一言而丧邦，有诸？"孔子对曰："言不可以若是，其几也。人之言曰：'予无乐乎为君，惟其言而莫予违也。'如其善而莫之违也，不亦善乎？如不善而莫之违也，不几乎一言而丧邦乎？"

注释

①诸："之乎"二字的合音。
②几：将近、接近。

译文

鲁定公问:"一句话就可以使国家兴盛,有这样的话吗?"孔子回答:"不可能有这样的话,但有近乎于这样的话。有人说:'做君主难,做臣也不易。'如果知道做君主难,这岂不接近于'一句话就可以使国家兴盛'吗?"(鲁定公)说:"一句话就可使国家灭亡,有这样的话吗?"孔子回答:"不可能有这样的话,但有不可能有这样的话的话,有人说:'我做君主并没有什么可高兴的,只是(高兴)我说的话没有人违抗。'如果君主说的话正确,而没有人敢违抗,不也是很好吗?如果说的话不正确而没有人违抗,这岂不接近于'一句话就可以使国家灭亡'吗?"

原文

叶公问政①。子曰:"近者说,远者来。"

注释

①叶公:姓沈,名诸梁,楚国大夫。

译文

叶公问怎样为政。孔子说:"使近处的人民感到喜悦,使远处的人民来投奔归附。"

原文

子曰:"君子和而不同①,小人同而不和。"

注释

①和、同：这是春秋时代常用的两个概念。"和"，和谐、调和、互相协调，指不同性质的各种因素的和谐统一，如五味的调和、八音的和谐。君子尚义，无乖戾之心，能和谐共处，但不盲从附和，能用自己的正确意见来纠正别人的错误意见，故说"和而不同"。"同"，相同、同类、同一。小人尚利，在利益一致时，互相阿谀，同流合污，能苟同；然而一旦利益发生冲突，则不能和谐相处，更不能用道义来协调人情世故，故说"同而不和"。

译文

孔子说："君子讲求和谐而不盲从附和；小人同流合污而不能讲求和谐。"

原文

子曰："君子泰而不骄，小人骄而不泰。"

译文

孔子说："君子舒泰坦然而不骄傲放肆，小人骄傲放肆而不舒泰坦然。"

原文

子曰："刚、毅、木①、讷②，近仁。"

注释

①木：质朴、朴实、憨厚老实。

②讷：说话迟钝，引申为言语非常谨慎，不肯轻易说话。

译文

孔子说："刚强不屈、果敢坚毅、质朴老实、言语谨慎，（这四种品德）接近于仁。"

宪问篇第十四

原文

宪问耻①。子曰："邦有道，谷；②邦无道，谷，耻也。""克、伐、怨、欲③，不行焉，可以为仁矣？"子曰："可以为难矣，仁则吾不知也。"

注释

①宪：即原思。原思，属于孔子所说的"狷者"类型的人物，故孔子言"邦有道"应有为而立功食禄，"邦无道"才应独善其身而不贪图食禄，以激励原思的志向，使他自勉而进于有为。

②谷：谷米，指当官拿俸禄。

③克：争强好胜。伐：自我夸耀。怨：怨恨、恼怒。欲：贪求多欲。

译文

原宪问孔子什么样的事是可耻的。孔子说："国家有道，就做官拿俸禄；国家无道，仍然做官拿俸禄，就是可耻。"原宪又问："好胜、自夸、怨恨、贪欲，（如果这些毛病）都能克制，可以算做到了仁吧？"孔子说："这样可以说是难能可贵，至于（算不算做到）仁，我不知道。"

原文

子曰："邦有道，危言危行①；邦无道，危行言孙②。"

注释

①危：正直，言人所不敢言，行人所不敢行。

②孙：通"逊"，谦逊、恭顺，在这里有随和顺从而谨慎之意。孔子认为，处乱世要"言孙"以避祸，不应"危言"而招祸（作无谓牺牲）。

译文

孔子说："国家有道，要说话正直，行为正直；国家无道，行为仍可正直，但说话要随和谨慎。"

原文

子曰："有德者必有言，有言者不必有德。仁者必有勇，勇者不必有仁。"

译文

孔子说："有德行的人一定有（好的）言论，有（好的）言论的人却不一定有德行。有仁德的人必定勇敢，勇敢的人却不一定有仁德。"

原文

子曰："贫而无怨难，富而无骄易。"

译文

孔子说："贫穷而没有怨恨是很难做到的，富裕了而不骄傲是容易做到的。"

原文

子路曰："桓公杀公子纠①，召忽死之②，管仲不死。"曰："未仁乎?"子曰："桓公九合诸侯③，不以兵车④，管仲之力也！如其仁！如其仁!"

注释

①公子纠：小白（后来的齐桓公）的哥哥。小白和公子纠二人都是齐襄公的弟弟。襄公无道，政局混乱，他二人怕受连累，于是小白由鲍叔牙侍奉逃亡莒国，公子纠由管仲、召忽侍奉逃亡鲁国。而后，齐襄王被公孙无知杀死，公孙无知立为君。次年，雍廪又杀死公孙无知，齐国当时就没有国君了。在鲁庄公发兵护送公子纠要回齐国即位的时候，小白用计，先回到齐国，立为君。接着兴兵伐鲁，逼迫鲁国杀死了公子纠。

②召忽：他与管仲都是公子纠的家臣、师傅。公子纠被杀后，召忽自杀殉节。管仲却归服齐桓公，并由鲍叔牙推荐当了宰相。

③九合诸侯：多次会合诸侯。"九"，不是确数，极言其多。"合"，集合。

④不以：不用。兵车：战车，代指武力。

译文

子路说："齐桓公杀了公子纠，召忽自杀殉节，但管仲却没有自杀。"（子路又）说："（这样，管仲）算是没有仁德吧？"孔子说："齐桓公多次召集各诸侯国，主持盟会，没用武力，制止了战争，这都是管仲的功劳啊！这就算是他的仁德！这就算是他的仁德！"

原文

子贡曰："管仲非仁者与？桓公杀公子纠，不能死，又相之。"子曰："管仲相桓公，霸诸侯，一匡天下①，民到于今受其赐。微管仲②，吾其被发左衽矣③。岂若匹夫匹妇之为谅也④，自经于沟渎而莫之知也⑤！"

注释

①一匡天下：使天下的一切得到匡正。"匡"，正，纠正。

②微：如果没有。一般用于和既成事实相反的假设句前面。

③被发左衽：当时边疆地区夷狄少数民族的风俗、打扮。"被"，通"披"。"衽"，衣襟。

④匹夫匹妇：指一般的平民百姓，平庸的人。谅：信实，遵守信用。这里指拘泥于小的信义、小的节操。

⑤自经：自缢，上吊自杀。沟渎：古时田间水道称沟，邑间水道称渎。这里指小山沟。

译文

子贡说："管仲不是仁人吧？桓公杀了公子纠，管仲没自杀，却又辅佐桓公。"孔子说："管仲辅佐桓公，使齐国在诸侯中称霸，匡扶天下，人民至今还受到他给的好处。如果没有管仲，恐怕我们早已沦为披头散发衣襟在左边开的落后民族了。难道管仲像一般的平庸人那样，为守小节，在小山沟里上吊自杀，而不被人所知道的吗？"

原文

子路问事君。子曰："勿欺也，而犯之①。"

注释

①犯：触犯，冒犯。这里引申为对君主犯颜诤谏。

译文

子路问怎样侍奉君主。孔子说："不要欺骗他，而要犯颜直言规劝他。"

原文

子曰："君子上达，小人下达①。"

注释

①上达……下达之意，有以下五种说法：A. 君子通达于仁义。小人

通达于财利。B. 上达指渐进而上，下达指渐流而下。有"君子天天长进向上，小人日日沉沦向下"之意。C. 君子循天理，故曰进乎高明；小人徇人欲，故曰究乎污下。D. 君子追求高层次的通达，小人追求低层次的通达。E. 君子上达达于道，小人下达达于器。本书取第一说，其余仅供参考。

译文

孔子说："君子向上，通达于仁义；小人向下，通达于财利。"

原文

子曰："古之学者为己，今之学者为人。"

译文

孔子说："古代学习的人，是为了自己有所作为；现在学习的人，是为了做样子给别人看。"

原文

子曰："不在其位，不谋其政。"曾子曰："君子思不出其位。"

译文

孔子说："不在那个职位，就不过问那个职位的政事。"曾子说："君子考虑事情，不超出他职位的范围。"

原文

子曰："君子耻其言而过其行。"

译文

孔子说："君子以说得过多、做得太少为可耻。"

原文

或曰："以德报怨何如①?"子曰："何以报德? 以直报怨,以德报德。"

注释

①以德报怨:"德",恩惠,恩德。"怨",怨恨,仇怨。这是当时的俗语。《老子》:"大小多少,报怨以德。"这是老子哲学中一种调和化解矛盾的思想。孔子对这种思想提出了批评。

译文

有人说:"用恩德来报答仇怨,如何呢?"孔子说:"那么用什么来报答恩德呢? 应该公平无私地对待仇怨,以恩德报答恩德。"

原文

子曰："莫我知也夫①!"子贡曰："何为其莫知子也②?"子曰："不怨天,不尤人③,下学而上达。知我者其天乎!"

注释

①莫我知：即"莫知我"的倒装。没有人知道、了解我。

②何为：为何。

③尤：责怪，归咎，怨恨。

译文

孔子说："没有人了解我啊！"子贡说："为什么会没有人了解您呢？"孔子说："我不埋怨天，不责备人，下学人事，上达天命。大概只有天了解我吧！"

原文

子曰："贤者辟世①，其次辟地，其次辟色，其次辟言。"子曰："作者七人矣②。"

注释

①辟世：指不干预世事而隐居。"辟"，通"避"，避开。

②七人：指传说中的七位贤人隐士。具体所指其说不一。有的说是：伯夷、叔齐、虞仲（太公）、夷逸、朱张、柳下惠、少连。有的说是：长沮、桀溺、荷蓧丈人、石门守门者、荷蒉者、仪封人、楚狂接舆。究竟为何，不可确考。

译文

孔子说："贤人避开社会而隐居，其次是避开乱国到别的地方去，再次是避开难看的脸色，最后是避开难听的恶言。"孔子又说："这样做的人已经有七位了。"

原文

子路问君子。子曰："修己以敬。"曰："如斯而已乎？"曰："修己以安人①。"曰："如斯而已乎？"曰："修己以安百姓。修己以安百姓，尧舜其犹病诸②！"

注释

①人：与"己"相对。这里当指士大夫以上的贵族、上层人士。比下面的"百姓"所指范围要窄。

②病：担心，忧虑。

译文

子路问怎样才算是君子。孔子说："修养自己的身心，保持严肃恭敬的态度。"子路说："像这样就够了吗？"孔子说："修养自己，使大夫们安乐。""修养自己，使全体百姓安乐。像这样就够了吗？恐怕连尧舜还担心做不到哩！"

原文

阙党童子将命①。或问之曰："益者与？"子曰："吾见其居于位也②，见其与先生并行也③。非求益者也，欲速成者也。"

注释

①阙党：鲁国地名，在今山东省曲阜市境内。一说，即"阙里"。这

里是孔子的家乡。将命：传达信息，传话。

②居于位：坐在席位上。按古代礼节，大人可以有正式的席位就座，儿童没有席位。可是，这位童子却与大人一起坐在席位上，可见其不知礼。

③先生：这里是对年长者、长辈的尊称。

译文

阙党地方的一个儿童来向孔子传信。有人问孔子："这儿童是要求上进的人吗？"孔子说："我见他坐在成年人的位子上，又见他与长辈并肩而行。他不是求上进的，而是一个急于求成的人。"

卫灵公篇第十五

原文

子曰："赐也①，女以予为多学而识之者与②？"对曰："然，非与？"曰："非也。予一以贯之③。"

注释

①赐：端木赐，字子贡。

②女：通"汝"。你。

③以：用。一：一个基本的原则、思想。孔子这里指的是"忠恕"之道。贯：贯穿，贯通。

译文

孔子说:"端木赐呀,你以为我学习很多而又一一记住的吗?"端木赐回答说:"难道不是这样吗?"孔子说:"不是的,我是用一个基本的思想观念来贯穿它们的。"

原文

子曰:"无为而治者①,其舜也与? 夫何为哉? 恭己正南面而已矣②。"

注释

①无为而治:"无为",无所作为。据传,舜当政时,一切沿袭尧的旧法来治国,似乎没有什么新的改变和作为,而使天下太平。后泛指以德化民,无事于政刑。朱熹《四书集注》说:"圣人德盛而民化,不待其有所作为也。独称舜者,绍尧之后,而又得人以任众职,故尤不见有为之迹也。"

②南面:古代传统礼法,王位总是坐北朝南的。

译文

孔子说:"无所作为而使天下得到治理的,大概只有虞舜吧? 他是怎样做的呢? 他只是恭敬郑重地脸朝南面坐着而已。"

原文

子曰:"可与言而不与言,失人;不可与言而与之言,失言。知者不失人^①，亦不失言。"

注释

①知：通"智"。智者，聪明人。

译文

孔子说："可与他说话却不与他说，会失掉错过人才；不可与他说话却与他说，就是浪费言语。聪明人既不错过人才，也不浪费言语。"

原文

子曰："志士仁人，无求生以害仁^①，有杀身以成仁^②。"

注释

①求生：贪生怕死，为保活命苟且偷生。
②杀身：勇于自我牺牲，为仁义当死而死，心安德全。

译文

孔子说："有志仁义之人，不能为求得保住生命而损害仁，应为做到仁而献出生命。"

原文

子贡问为仁。子曰："工欲善其事^①，必先利其器^②。居是邦也，事其大夫之贤者^③，友其士之仁者。"

注释

①善：用作动词。做好，干好，使其完善。
②利：用作动词。搞好，弄好，使其精良。
③事：侍奉，为……服务。

译文

子贡问怎样实行仁德。孔子说："工匠要想活儿干得完美，必须先选用精良的工具。在一个国家实行仁德，就要侍奉大夫中有贤德的人，与士中有仁德的人交朋友。"

原文

子曰："人无远虑，必有近忧①。"

注释

①远、近：指时间。犹言未来、目前。一说，指地方。朱熹说："人之所履者，容足之外，皆为无用之地，而不可废也。故虑不在千里之外，则患在几席之下矣。"

译文

孔子说："人如果没有长远考虑，必定会有近在眼前的忧虑。"

原文

子曰："君子病无能焉①，不病人之不己知也。"

注释

①病：担心，忧虑。

译文

孔子说："君子只忧虑自己没有才能，不忧虑别人不知道自己。"

原文

子曰："君子求诸己①，小人求诸人。"

注释

①求：要求。一说，求助，求得。此章之意为：君子一切求之于自己，小人一切求之于他人。

译文

孔子说："君子一切求自己，小人一切求别人。"

原文

子曰："君子矜而不争①，群而不党②。"

注释

①矜：庄重，矜持，慎重拘谨。

②党：结党营私，拉帮结伙，搞小宗派。

译文

孔子说："君子庄重矜持而不同别人争执，合群人不结党营私。"

原文

子曰："君子不以言举人，不以人废言。"

译文

孔子说："君子不根据言论推选人才，也不因某人有缺点而废弃他的言论。"

原文

子贡问曰："有一言而可以终身行之者乎？"子曰："其'恕'乎！己所不欲，勿施于人。"

译文

子贡问道："有一个字而可以终身奉行的吗？"孔子说："那就是'恕'吧！自己不愿意做的，不要强加给别人。"

原文

子曰："巧言乱德。小不忍则乱大谋。"

译文

孔子说："花言巧语会败坏道德。小事上不能忍耐大事就做不成。"

原文

子曰："众恶之，必察焉；众好之，必察焉。"

译文

孔子说："众人都厌恶他，一定要察详原因；众人都喜欢他，也一定要察详原因。"

原文

子曰："人能弘道①，非道弘人。"

注释

①弘：弘扬，光大。

译文

孔子说："是人能够弘扬道，而不是道能弘扬人。"

原文

子曰："过而不改①，是谓过矣。"

注释

①改：改正，纠正。孔子主张：过而能改，复于无过。有些人犯错误，起初是无心的，只要能改，就没有错了；如果坚持不肯改正，那才是真正的错误。

译文

孔子说："有过错而不改，这才真叫作过错呢。"

原文

子曰："知及之①，仁不能守之，虽得之，必失之。知及之，仁能守之，不庄以莅之②，则民不敬。知及之，仁能守之，庄以莅之，动之不以礼③，未善也。"

注释

①知：通"智"，聪明才智。
②莅：到，临。这里指临民，即掌握政权，治理百姓。
③动之："动"，行动。"之"，语助词，无实义。孔子认为，治理天下，智、仁、庄、礼四者缺一不可，只用智，其失在荡；只用仁，其失在宽；只用庄，其失在猛：所以必须用礼来调和。

译文

孔子说："依靠聪明才智得到的职位、政权，如果不能用仁德去守住它，也必定会失去它。依靠聪明才智得到的，能够用仁德去守住它，但如不用庄严的态度去认真治理百姓，百姓也不会敬服。依靠聪明才智得到的，能用仁德去守住它，又能用庄严的态度去认真对待，但是行动不符合礼义，也不能算是完善的。"

原文

子曰："君子不可小知而可大受也①，小人不可大受而可小知也。"

注释

①小知："知"，主持，主管。小知，即做小事情，管小范围内的具体事务。一说，"知"，了解，识别。小知，即从小处、从做小事情上去了解、识别。

译文

孔子说："对君子，不能只让他做小事情，而要让他接受重大任务；对小人，不可让他接受重大任务，只能让他做些小事情。"

原文

子曰："民之于仁也，甚于水火，水火吾见蹈而死者矣，未见蹈仁而死者也①。"

注释

①蹈：踏，踩，投入。引申为追求，实行，实践。朱熹《四书集注》说："民之于水火，所赖以生，不可一日无。其于仁也亦然。但水火外物，而仁在己。无水火，不过失人之身，而不仁则失其心。是仁有甚于

水火，而尤不可以一日无者也。况水火或有时而杀人，仁则未尝杀人，亦何惮而不为哉？"可见本章精神在于"勉人为仁"。

译文

孔子说："人民对于仁德，比对水火更急切需要；我见过溺水蹈火而死的，却没见过实践仁德而死的。"

原文

子曰："当仁不让于师。"

译文

孔子说："面对合于仁德的事，即使对老师，也不要谦让。"

原文

子曰："君子贞而不谅①。"

注释

①贞：正，固守正道，恪守节操。谅：信，守信用。本章与孔子所说"言不必信，行不必果"是同一意思。

译文

孔子说："君子坚定执着于正道，而不固执拘泥于讲小信。"

原文

子曰："事君，敬其事而后其食①。"

注释

①食：食禄，俸禄，官吏的薪水。

译文

孔子说："侍奉君主，要恭敬谨慎地先办事，领取俸禄事往后放。"

原文

子曰："有教无类①。"

注释

①无类：不分类，没有富贵贫贱、天资优劣智愚、等级地位高低、地域远近、善恶不同等的区别与限制。孔子提倡全民教育，希望教育所有的人而同归于善。他的弟子中，富有的（如冉有、子贡）、贫穷的（如颜回、原思）、地位高的（如孟懿子为鲁国贵族）、地位低的（如子路为下之野人）、鲁钝一点的（如曾参）、愚笨一点的（如高柴），各种人都有。

译文

孔子说："对谁都要进行教育，不分贫富、智愚的地位高低而分类。"

原文

子曰："道不同①，不相为谋。"

注释

①道：道路，主张，所追求的目标。

译文

孔子说："走的路不同，就不能互相谋划商讨事情。"

原文

子曰："辞达而已矣。"

译文

孔子说："言辞足以表达意思就够了。"

季氏篇第十六

原文

季氏将伐颛臾①。冉有、季路见于孔子曰②："季氏将有事于颛臾③。"

孔子曰："求，无乃尔是过与④？夫颛臾，昔者先王以为东蒙主⑤，且在邦域之中矣，是社稷之臣也⑥。何以伐为⑦？"冉有曰："夫子欲之⑧，吾二臣者皆不欲也。"孔子曰："求！周任有言曰⑨：'陈力就列⑩，不能者止。'危而不持，颠而不扶，则将焉用彼相矣⑪？且尔言过矣，虎兕出于柙⑫，龟玉毁于椟中⑬，是谁之过与？"冉有曰："今夫颛臾，固而近于费⑭，今不取，后世必为子孙忧。"孔子曰："求！君子疾夫舍曰欲之而必为之辞⑮。丘也闻有国有家者，不患寡而患不均，不患贫而患不安⑯。盖均无贫，和无寡，安无倾。夫如是，故远人不服，则修文德以来之⑰，既来之，则安之。今由与求也，相夫子，远人不服，而不能来也；邦分崩离析⑱，而不能守也：而谋动干戈于邦内。吾恐季孙之忧，不在颛臾，而在萧墙之内也⑲。"

注释

①季氏：即季孙氏，指季康子，名肥。鲁国大夫。颛臾：附属于鲁国的一个小国，子爵。故城在今山东省费县西北八十里。

②冉有、季路：孔子弟子。冉有即冉求，字子有，也称冉有。季路即仲由，字子路，因仕于季氏，又称季路。

③有事：这里指施加武力，采取军事行动。

④无乃：岂不是，恐怕是，难道不是。

⑤先王：鲁国的始祖周公（姬旦），系周武王（姬发）之弟，故这里称周天子为先王。东蒙主：谓主祭东蒙山。"东蒙"，即蒙山。因在鲁国东部，故称东蒙。在今山东省蒙阴县南四十里，与费县连接。"主"，主持祭祀。

⑥社稷之臣：国家的重臣。

⑦何以伐为："何以"，以何，为什么。"为"，语气助词，相当于"呢"。为什么要讨伐他呢？

⑧夫子：古时对老师、长者、尊贵者的尊称。这里指季康子。

⑨周任：周朝有名的史官。

⑩陈力：发挥、尽量施展自己的才力。就列：进入当官的行列，担

任职务。

⑪相：辅佐，帮助。古代扶引盲人的人叫"相"。引申为助手。

⑫兕：古代犀牛类的野兽。或说即雌犀牛。柙：关猛兽的木笼子。

⑬椟：木制的柜子，匣子。

⑭费：季氏的采邑。在今山东省费县西南，有费城。颛臾与费邑相距仅七十里，故说"近于费"。

⑮疾：厌恶，痛恨。辞：托辞，借口。

⑯"不患寡"句：应为"不患贫而患不均，不患寡而患不安"。《春秋繁露·度制》和《魏书·张普惠传》引此文，都是"不患贫而患不均，不患寡而患不安"。

⑰来：通"徕"。招徕，吸引，使其感化归服。

⑱分崩离析："崩"，倒塌。"析"，分开，形容集团、国家等分崩瓦解，不可收拾。当时鲁国不统一，四分五裂，被季孙、孟孙、叔孙三大贵族所分割。

⑲萧墙之内："萧墙"，宫殿当门的小墙，或称"屏"。古代臣子觐见国君，至屏而肃然起敬，故称"萧墙"。这里用"萧墙"，借指宫内。当时鲁国的国君鲁哀公名义上在位，实际上政权已被季康子把持，这样发展下去，一旦鲁君不能容忍，必起内乱。故孔子含蓄地说了这话。

译文

季氏将要讨伐颛臾。冉有、子路去见孔子，说："季氏将对颛臾施行武力。"孔子说："冉求！这难道不该怨你吗？颛臾，过去周天子曾经授权它主持东蒙山的祭祀，而且就在鲁国的疆域之中，是与我们鲁国共安危的臣属。为什么要讨伐它呢？"冉有说："季孙大夫想这么做，我们作为重臣的是不想这么做的。"孔子说："冉求！周任曾有句话说：'能够施展自己的才力，就担任职务；实在做不到，就该辞职。'比如盲人遇到危险却不扶持拉住他，摔倒了却不搀扶他起来，那么，用你这助手做什么呢？而且你的话错了，老虎、犀牛从关它的笼子里跑了出来，占卜用的龟甲、祭祀用的玉器在木匣中被毁坏了，这是谁的过错呢？"冉有说：

"如今颛臾城墙坚固，而且离费邑很近。现在不占领它，后世必然成为子孙的祸患。"孔子说："冉求！君子厌恶那种嘴上不说'想得到它'，而找个借口得到它的人。我听说，对于拥有国家的诸侯和拥有采邑的大夫，担心的不是贫穷，而是分配不均；担心的不是人少，而是社会的安定。因为财富分均了，就没贫穷；国内和睦团结了，就不显得人少势弱，国家就没有倾覆的危险。要是这样做了，远方的人还不归服，便提倡仁义礼乐道德教化，以招徕他们。远方的人已经来了，就使他安心住下来。现在仲由、冉求你们二人辅佐季康子，远处的人不归服，而不能招徕他们；国家四分五裂，而不能保全；反而打算在国境之内使用武力。只怕季孙氏的忧患，不在颛臾，而在于宫殿的门屏之内。"

原文

孔子曰："益者三友，损者三友。友直，友谅①，友多闻，益矣。友便辟②，友善柔③，有便佞④，损矣。"

注释

①谅：诚实。
②便辟：习惯于摆架子装样子，内心却邪恶不正。
③善柔：善于阿谀奉承，内心却无诚信。
④便佞：善于花言巧语，言不符实。

译文

孔子说："有益的朋友有三种，有害的朋友也有三种。与正直的人交友，与诚信的人交友，与见闻学识广博的人交友，是有益的。与心术不正的人交友，与善于阿谀奉承心无诚信的人交友，与惯于花言巧语的人交友，是有害的。"

原文

孔子曰："益者三乐，损者三乐。乐节礼乐，乐道人之善，乐多贤友，益矣。乐骄乐，乐佚游①，乐宴乐，损矣。"

注释

①佚：通"逸"，安闲、休息。

译文

孔子说："有益的喜好有三种，有害的喜好也有三种。以礼乐调节陶冶为喜好，以称道别人的优点好处为喜好，以多交贤德的友人为喜好，是有益处的。以骄奢放肆为喜好，以闲逸游荡为喜好，以宴饮纵欲为喜好，是有害的。"

原文

孔子曰："侍于君子有三愆①：言未及之而言谓之躁，言及之而不言谓之隐②，未见颜色而言谓之瞽③。"

注释

①愆（qiān）：过失、差错、失误。
②隐：隐瞒，有意缄默。
③瞽：双目失明，指盲人，这里比喻不能察言观色，说话不看时机，如同盲人一样。

译文

孔子说："侍奉君子容易有三种过失：君子还未问到你就先说了，这叫作急躁；君子已经问到你还不说，这叫作隐瞒；不看别人脸色而贸然说话，这叫作盲目。"

原文

孔子曰："君子有三戒：少之时，血气未定①，戒之在色；及其壮也，血气方刚，戒之在斗；及其老也，血气既衰，戒之在得②。"

注释

①未定：未成熟、未固定。
②得：泛指对于名誉、地位、钱财、女色等的贪欲、贪求。

译文

孔子说："君子有三件事要警惕戒备：年轻时，血气不成熟，要戒除贪恋女色；到了壮年时，血气正旺盛，要戒除争强好斗；到了老年时，血气已经衰弱，要戒除贪得无厌。"

原文

孔子曰："君子有三畏①：畏天命，畏大人②，畏圣人之言。小人不知天命而不畏也，狎大人③，侮圣人之言。"

注释

①畏：怕，这里指心存敬畏、敬服，要时时处处注意修身诚己，有敬慎之心。

②大人：在高位的贵族、官僚。

③狎：狎侮、轻慢、不尊重。

译文

孔子说："君子有三件敬畏的事情：敬畏天命，敬畏在高位的人，敬畏圣人的话。小人不懂得天命因而不敬畏，不尊重在上位的人，蔑视圣人的话。"

阳货篇第十七

原文

阳货欲见孔子①，孔子不见，归孔子豚②。孔子时其亡也③，而往拜之。遇诸涂④。谓孔子曰："来！予与尔言。"曰："怀其宝而迷其邦⑤，可谓仁乎?"曰："不可。""好从事而亟失时⑥，可谓知乎⑦?"曰："不可。""日月逝矣，岁不我与⑧。"孔子曰："诺，吾将仕矣。"

注释

①阳货：又名阳虎、杨虎，鲁国季氏的家臣，曾一度掌握了季氏一

家的大权，甚而掌握了鲁国的大权，是孔子说的"陪臣执国命"的人物。阳货为了发展自己的势力，极力想拉孔子给他做事。但孔子不愿随附于阳货，故采取设法回避的态度。后阳货因企图消除三桓未成而逃往国外，孔子最终也未仕于阳货。

②归：通"馈"，赠送。豚：小猪，这里指蒸熟了的小猪。按照当时的礼节，地位高的人赠送礼物给地位低的人，受赠者如果不在家，没能当面接受，事后应当回拜。因为孔子一直不愿见阳货，阳货就用这种办法，想以礼节来逼迫孔子去回拜。

③时：通"伺"，意指窥伺，暗中打听、探听消息。亡：通"无"，这里指不在家。

④涂：通"途"，途中、半道上。

⑤迷其邦：听任国家迷乱、政局动荡不安。

⑥亟：副词，屡次。

⑦知：通"智"。

⑧岁不我与：即"岁不与我"，年岁不等待我。"与"，在一起，这里有等待的意思。

译文

阳货想让孔子去拜见他，孔子不见，他便赠送给孔子一只蒸熟的小猪。孔子暗中打听到阳货不在家，才去回拜他。两人却在途中遇见了。阳货对孔子说："过来！我有话对你说。"阳货说："把自己的宝物藏在怀里，而听任国家迷乱、政局动荡不安，这样做可以称为仁吗？"孔子说："不可以。"阳货又说："喜欢参与政事而又屡次错过机会，可以称为智吗？"孔子说："不可以。"阳货又说："时间消逝了，年岁是不等人的。"孔子说："好吧，我将要去做官了。"

原文

子曰："性相近也①，习相远也②。"

注释

①性：人的本性、性情或先天的智力、气质。

②习相远：指由于社会影响，所受教育不同，习俗、习气的沾染有别，人的后天的行为习惯会有很大差异。孔子这话是勉励人为学，通过学习提高自己的修养。

译文

孔子说："人的本性是相近的，但由于环境影响的不同才相距甚远了。"

原文

子之武城①，闻弦歌之声。夫子莞尔而笑②，曰："割鸡焉用牛刀？"子游对曰："昔者偃也闻诸夫子曰③：'君子学道则爱人，小人学道则易使也。'"子曰："二三子，偃之言是也。前言戏之耳④。"

注释

①武城：鲁国的一个小城邑，在今山东省嘉祥县境。一说，指南武城，在今山东省费县西南。公元前554年，鲁襄公筑武城以御齐。

②莞尔：微笑的样子。

③诸："之于"的合音。

④戏：开玩笑、逗趣。

译文

孔子到了武城，听见弹琴唱歌的声音。孔子微笑着说："杀鸡何必用宰牛的刀呢?”子游接过话茬说:“过去我听老师说:‘在上位的人学了道,就能爱人,惠及百姓;一般老百姓学了道,就容易役使了。'”孔子对随从的弟子说:“诸位,言偃说的话是对的。我刚才说的话不过是开玩笑罢了。”

原文

子张问仁于孔子。孔子曰:“能行五者于天下,为仁矣。”“请问之。”曰:“恭、宽、信、敏、惠。恭则不侮,宽则得众,信则人任焉,敏则有功,惠则足以使人。”

译文

子张向孔子问怎样才能做到仁。孔子说:“能在天下实行这五种品德,就是仁了。”子张说:“请问哪五种?”孔子说:“庄重、宽厚、守信、勤敏、慈惠。恭敬庄重就不会受到侮慢,宽厚就能获得众人拥护,守信就能得到别人的任用,勤敏就能取得成功,慈惠就能更好地役使别人。”

原文

子曰:“由也,女闻六言六蔽矣乎①?”对曰:“未也。”“居②,吾语女。好仁不好学,其蔽也愚;好知不好学③,其蔽也荡④;好信不好学,其蔽也贼⑤;好直不好学,其蔽也绞⑥;好勇不好学,其蔽也乱;好刚不好学,其蔽也狂。”

注释

①女:通“汝”,你。六言:六个字,即文中的仁、知、信、直、勇、刚等德行的六个方面。蔽:通“弊”,弊病、害处。
②居:坐。

③知：通"智"。仁德，智慧。

④荡：放荡不羁。

⑤贼：害、伤害，这里指容易给自己和亲人带来伤害。

⑥绞：说话尖酸刻薄、不通情理。

译文

孔子说："仲由，你听说过六种品德和六种弊病吗？"子路起身回答："没有。"孔子说："坐下，我告诉你。爱好仁德却不爱好学习，其弊病是愚蠢；爱好聪明却不爱好学习，其弊病是放荡；爱好诚实却不爱好学习，其弊病是危害亲人；爱好直率却不爱好学习，其弊病是说话尖刻；爱好勇敢却不爱好学习，其弊病是容易乱闯祸；爱好刚强却不爱好学习，其弊病是狂妄。"

原文

子曰："色厉而内荏①，譬诸小人，其犹穿窬之盗也与②！"

注释

①色厉内荏：外貌似乎刚强威严，而内心却柔弱怯惧。"色"，神色、脸色、外表的样子。"荏"，软弱、怯懦、虚弱。

②穿：挖、透、破。窬：洞、窟窿。从墙上爬过去也叫窬。

译文

孔子说："外表神色严厉而内心怯懦虚弱，以小人来做比喻，就像是挖墙洞行窃的盗贼吧！"

原文

子曰："乡愿①，德之贼也②。"

注释

①乡愿：特指当时社会上那种不分是非，同于流俗，言行不一，伪善欺世，处处讨好，谁也不得罪的以"谨厚老实"为人称道的"老好人"。孔子尖锐地指出：这种"乡愿"，言行不符，实际上是似德非德而乱乎德的人，乃德之"贼"。世人对之不可不辨。而后，孟子更清楚地说明这种人乃是"同乎流俗，合乎污世"的人。这种人虽然表面上看是个对乡人全不得罪的"好好先生"，其实，他抹煞了是非，混淆了善恶，不主持正义，不抑制坏人坏事，全然成为危害道德的人。"愿"，谨厚、老实。

②贼：败坏、侵害、危害。

译文

孔子说："所谓'乡愿'，是败坏道德的人。"

原文

子曰："道听而涂说①，德之弃也。"

注释

①"道听"句：在路上听到的不可靠的传闻，途中又向别人传说。"涂"，通"途"。指道路。

译文

孔子说："只听传闻不去考证而随意传播，从道德上来讲，这种行为是要不得的。"

原文

子曰："巧言令色，鲜矣仁。"

译文

孔子说："有一种人善于花言巧语，一副和气善良的脸色，这种人是很少有仁德的。"

原文

子路曰："君子尚勇乎？"子曰："君子义以为上。君子有勇而无义为乱，小人有勇而无义为盗。"

译文

子路问道："君子崇尚勇敢吗？"孔子说："君子以义作为最高尚的品德。君子有勇而无义，就会犯上作乱；小人有勇而无义，就会做强盗。"

原文

子贡曰："君子亦有恶乎？"子曰："有恶。恶称人之恶者，恶居下流而讪上者①，恶勇而无礼者，恶果敢而窒者②。"曰："赐也亦有恶乎？"

"恶徼以为知者③，恶不孙以为勇者④，恶讦以为直者⑤。"

注释

①讪：诽谤、讥讽、诋毁。以言毁人称谤，在下谤上称讪。

②窒：阻塞、不通，引申为固执、头脑僵化、顽固不化。

③徼：抄袭、窃取、剽窃他人的知识成果（如言论、学问、见解、做出的成绩等）。一说，私察他人之言行动静而自作聪明，假以为知。知：通"智"。指智慧。

④孙：通"逊"。指谦逊。

⑤讦：攻击别人的短处，揭发别人的隐私。

译文

子贡问道："君子也有厌恶的事吗？"孔子说："有厌恶的事。厌恶专好散播别人坏处的人，厌恶身居低位而诽谤上位的人，厌恶恃强勇敢而无礼的人，厌恶固执不通事理的人。"孔子说："端木赐呀，你也有厌恶的事吗？"子贡说："厌恶窃取抄袭别人的知识成果作为自己知识的人，厌恶把不谦逊当作勇敢的人，厌恶揭发别人的隐私却自以为直率的人。"

原文

子曰："惟女子与小人为难养也①，近之则不孙②，远之则怨。"

注释

①养：供养、共同相处，这里主要指的是对婢妾、对仆隶下人，故用"养"字。

②不孙：指不恭顺、不守规矩、放肆无礼。"孙"通"逊"。指恭顺。

译文

孔子说："惟独婢妾和小人是难以相处的。亲近，他们就无礼；疏远，他们就怨恨。"

微子篇第十八

原文

微子去之①，箕子为之奴②，比干谏而死③。孔子曰："殷有三仁焉！"

注释

①微子：名启，采邑在微（今山西省潞城县东北）。微子是纣王的同母兄，但微子出生时其母只是帝乙的妾，后来才立为正妻生了纣，于是纣获得立嗣的正统地位而继承了帝位，微子则被封为子爵，成了纣王的卿士。纣王无道，微子屡谏不听，遂隐居荒野。周武王灭殷后，被封于宋。去：离开。之：代词，指殷纣王。

②箕子：名胥余，殷纣王的叔父。他的采邑在箕（今山西省太谷县东北），被封为子爵，官太师。曾多次劝说纣王，纣王不听，箕子披发装疯，被纣王拘囚，降为奴隶，周武王灭殷后才被释放。

③比干：殷纣王的叔父，官少师，屡次竭力强谏纣王，并表明"主过不谏，非忠也；畏死不言，非勇也；过则谏，不用则死，忠之至也。"纣王大怒，竟说："吾闻圣人之心有七窍，信诸？"遂将比干剖胸挖心，残忍地杀死。

译文

纣王无道，微子离开了纣王，箕子被纣王拘囚，降为奴隶，比干屡次劝谏被纣王杀害。孔子说："殷朝有三位仁人啊！"

原文

柳下惠为士师①，三黜②。人曰："子未可以去乎③？"曰："直道而事人，焉往而不三黜④？枉道而事人⑤，何必去父母之邦⑥？"

注释

①士师：古代掌管司法刑狱的官员。
②三黜：多次被罢免。"三"，表示多次，极言其多。
③去：离开。
④焉：代词，表疑问，哪里。往：去。
⑤枉：不正。
⑥父母之邦：父母所在之国，即本国、祖国。

译文

柳下惠担任鲁国掌司法刑狱的官员，多次被免职。有人说："您不能离开这个国家吗？"柳下惠说："正直地侍奉人君，到哪国去不会被多次免职？如果不正直地侍奉人君，何必要离开自己的祖国呢？"

原文

齐景公待孔子曰："若季氏，则吾不能；以季、孟之间待之。"曰：

"吾老矣，不能用也。"孔子行①。

注释

①孔子行：公元前509年，孔子到齐国，想得到齐景公的重用，结果有人反对，甚至扬言要杀孔子。齐景公迫于压力，不敢任用，孔子于是离开齐国。

译文

齐景公在讲到对待孔子的礼节、爵禄时说："若像鲁国国君对待季氏那样来对待孔子，我做不到；可以用比季孙氏低而比孟孙氏高的待遇来对待孔子。"后来齐景公又说："我老了，不能用他了。"孔子便动身离开了齐国。

原文

齐人归女乐①，季桓子受之②，三日不朝。孔子行③。

注释

①归：通"馈"，赠送。
②季桓子：鲁国贵族，姓季孙，名斯，季孙肥（康子）的父亲。从鲁定公时至鲁哀公初年，一直担任鲁国执政的上卿（宰相）。
③孔子行：孔子看到鲁国君臣这样迷恋女乐，朝政日衰，不足有为，便大大失望而去职离鲁。

译文

齐国人赠送了许多歌姬舞女给鲁国，季桓子接受了，三天不上朝理政。孔子见状便离开了鲁国。

原文

楚狂接舆歌而过孔子曰①："凤兮②！凤兮！何德之衰？往者不可谏③，来者犹可追④。已而，已而！今之从政者殆而⑤。"孔子下，欲与之言。趋而辟之⑥，不得与之言。

注释

①接舆："接"，迎。"舆"，车。迎面遇着孔子的车，这里因其事而呼其人为"接舆"，传说乃楚国人，是"躬耕以食"的隐者贤士，用唱歌来批评时政，被世人视为狂人。一说，接舆本姓陆，名通，字接舆，见楚昭王政事无常，乃佯狂不仕，于是被人们看作楚国的一个疯子。

②凤：凤凰。古时传说，世有道则凤鸟见，无道则隐，这里比喻孔子。接舆认为孔子世无道而不能隐，故说"德衰"。

③谏：规劝，使之改正错误。

④犹可追：尚可补救，还来得及改正。

⑤而：语助词，相当于"矣"。

⑥辟：通"避"。避开、离开。

译文

楚国有位狂人叫接舆，唱着歌经过孔子的车旁，歌里唱道："凤凰呀！凤凰呀！为何道德这么衰微？过去的事不可挽回了，将来的事还来得及改正补救。算了吧，算了吧，如今从政的人危险啊。"孔子下车，想同他说话。接舆快步避开了，孔子没能与他说上话。

原文

周公谓鲁公曰①："君子不施其亲②，不使大臣怨乎不以③；故旧无大过，则不弃也。无求备于一人。"

注释

①周公：武王之弟，名姬旦。鲁公：指周公的儿子伯禽。
②施：通"弛"，松弛、放松、弃置，引申为疏远、怠慢。
③以：用、任用。

译文

周公对鲁公说："君子不能疏远怠慢自己的亲人，不能让大臣埋怨不任用他们；老臣老友，如果没有什么重大过错，就不要遗弃他们。不要对一个人求全责备。"

原文

周有八士①：伯达、伯适、仲突、仲忽、叔夜、叔夏、季随、季騧。

注释

①八士：身世生平不详。据说，周初盛时，有这八名才德之士：伯达通达义理，伯适大度能容，仲突有御难之才，仲忽有综理之才，叔夜柔顺不迫，叔夏刚明不屈，季随有应顺之才能，季騧德同良马。这八人都很有教养，有贤名。

译文

周朝有八位名士：伯达、伯适、仲突、仲忽、叔夜、叔夏、季随、季騧。

子张篇第十九

原文

子张曰："士见危致命①，见得思义②，祭思敬，丧思哀，其可已矣③。"

注释

①致命：授命，舍弃生命。
②思：反省、考虑。
③其可已矣："见危致命，见得思义，祭思敬，丧思哀"这四方面是立身之大节。作为士，如能做到这些，就可以了。

译文

子张说："作为一个士，遇见国家危难时，能献出自己的生命；遇见有利可得，能考虑是否合乎义；祭祀时，能想到恭敬严肃；临丧时，能想到悲哀。如果能做到这样就可以了。"

原文

子夏曰："虽小道①，必有可观者焉，致远恐泥②，是以君子不为也。"

注释

①小道：指某一方面的技能、技艺，如古代所谓农、圃、医、卜、乐、百工之类。

②泥：不通达、留滞、拘泥。

译文

子夏说："虽是小的技艺，也一定有可取之处，但对远大的事业恐有妨碍，所以君子不从事这些小技艺。"

原文

子夏曰："日知其所亡①，月无忘其所能，可谓好学也已矣。"

注释

①亡：通"无"，这里指自己所不具备的知识、技能，所不懂的道理等。

译文

子夏说："每天知道一些过去所不知的知识，每月不忘记已经掌握的知识，这样就可以称为好学的人了。"

原文

子夏曰："博学而笃志，切问而近思，仁在其中矣。"

译文

子夏说："广博地学习钻研，坚定自己的志向，恳切地提问，多考虑当前的事，仁德就在其中了。"

原文

子夏曰："百工居肆以成其事①，君子学以致其道。"

注释

①肆：古代制造物品的场所，如营造器物的地方或手工业作坊，陈列商品的店铺也叫肆。

译文

子夏说："各行业的工匠要整天在作坊里完成自己分内的工作，君子要通过终身学习来掌握道。"

原文

子夏曰："小人之过也必文。"

译文

子夏说："小人对于过错必定掩饰。"

原文

子夏曰："君子有三变：望之俨然，即之也温，听其言也厉。"

译文

子夏说："君子的态度让你感到有三种变化：远看外表庄严可畏，接近他温和可亲，听他说的话严正精确。"

原文

子夏曰："大德不逾闲①，小德出入可也。"

注释

①大德：与"小德"相对，犹言大节。小德即小节。一般认为，大德指纲常伦理方面。小德指日常的生活作风、礼貌、仪表、待人接物、言语文辞等。逾：超越，越过。闲：本义是阑，栅栏，引申为限制，界限，法度。

译文

子夏说："在德操大节上不能超过界限，在小节上有点出入是可以的。"

原文

子夏曰："仕而优则学①，学而优则仕。"

注释

①优：优秀，优良。一说，"优"，充足，富裕。指人有余力。此章的意思是：做了官的首先是为国为民尽职尽责，若有余力，便应学习（资其仕者益深）；为学的首先是明道德掌握知识技能，若有余力，则可做官（验其学者益广）。

译文

子夏说："做官要做得好就应该不断学习；学习好了才可以更好地做官。"

原文

曾子曰："吾闻诸夫子，人未有自致者也①，必也亲丧乎！"

注释

①致：极，尽。这里指充分流露和发泄内心全部的真实感情。父母之丧，迫切之情，不待人勉而自尽其极。

译文

曾子说："我听老师说过，人没有自动流露内心真情的，（若有，）恐怕是父母去世吧!"

原文

子贡曰:"君子之过也,如日月之食焉①:过也,人皆见之;更也②,人皆仰之。"

注释

①食:通"蚀"。
②更:变更,更改。

译文

子贡说:"君子的过错,如同日食月食:有过错,人们都看得见;更改了,人们都仰望他。"

尧曰篇第二十

原文

尧曰①:"咨②!尔舜③!天之历数在尔躬④,允执其中⑤。四海困穷,天禄永终。"舜亦以命禹⑥。曰:"予小子履敢用玄牡⑦,敢昭告于皇皇后帝⑧,有罪不敢赦。帝臣不蔽⑨,简在帝心⑩。朕躬有罪⑪,无以万方;万方有罪,罪在朕躬。"周有大赉⑫,善人是富。"虽有周亲,不如仁人。百姓有过,在予一人⑬。"谨权量⑭,审法度⑮,修废官,四方之政行焉。兴灭国，继绝世，举逸民，天下之民归心焉。所重：民，食，丧，祭。宽则得众，信则民任焉⑯，敏则有功，公则说⑰。

注释

①尧：传说中新石器时代我国父系氏族社会后期部落联盟的领袖。他把君位禅让给舜。史称"唐尧"。后被尊称为"圣君"。

②咨：感叹词。犹"啧啧"。咂嘴表示赞叹、赞美。

③舜：传说中受尧禅位的君主。后来，他又把君位禅让给禹。传说他眼睛有两个瞳仁，又名"重华"。

④天之历数：天命。这里指帝王更替的一定次序。古代帝王常常假托天命。都说自己能当帝王是由天命所决定的。

⑤允：诚信，公平。执：掌握，保持，执守。中：正，不偏不倚，不"过"也无"不及"。

⑥禹：传说中受舜禅位的君主。姒姓，亦称"大禹""夏禹""戎禹"，以治水名闻天下。关于舜禅位时嘱咐大禹的话，可参阅《尚书·大禹谟》。

⑦予小子履：商汤自称。"予"，我。"小子"，祭天地时自称，表示自己是天帝的儿子（天之子，天子）。"履"，商汤的名字。商汤，历史上又称武汤、武王、天乙、成汤（或成唐），也称高祖乙。他原为商族领袖。任用伊尹执政，积聚力量，陆续攻灭邻近各小国，最后一举灭夏桀，建立了商朝，是孔子所说的"贤王"。敢：谦辞，犹言"冒昧"。含虔诚意。玄牡："玄"，黑色。"牡"，公牛，宰杀后作祭祀用的牺牲。此段文字又见于《尚书·汤诰》，文字略有不同，可参阅。

⑧皇皇：大，伟大。后帝："后"，指君主。古代天子和诸侯都称"后"，到了后世，才称帝王的正妻为后。"帝"，古代指最高的天神。这里"后"和"帝"是同一个概念，指天帝。

⑨帝臣：天下的一切贤人都是天帝之臣。

⑩简：本义是检阅、检查。这里有知道、明白、清楚了解的意思。

⑪朕：我。古人不论地位尊卑都自称朕。从秦始皇起，才成为帝王

专用的至尊的自称。

⑫大赉：大发赏赐，奖赏百官，分封土地。

⑬"虽有"句："周"，至，最。"百姓"，这里指各族各姓受封的贵族。传说商末就有八百个诸侯。此句又见于《尚书·秦誓》，文字略有不同，可参阅。

⑭权：秤锤。指计重量的标准。量：量器，指计容积的标准。

⑮法度：指计量长度的标准。

⑯"信则"句："民"，疑当作"人"，他人，别人。"任"，任用。诚实守信就会得到他人任用。一说，"民"，百姓。"任"，信任。

⑰说：通"悦"，高兴。本章文字，前后不连贯，疑有脱漏。风格也不同。前半章文字古奥，可能是《论语》的编订者引自当时可见的古代文献。从"谨权量"以下，大多数学者认为可能就是孔子所说的话了。

译文

尧说："啧啧！舜啊！天意所定的继承顺序，帝位就在你身上，你要诚实恰当地保持执守中正之道。如果你执行有偏差，百姓陷于贫困，那么上天赐给你的禄位就会终止。"舜也是用这些话嘱咐了禹。商汤说："我小子履，大胆虔诚地用黑色的公牛来祭祀，冒昧地向光明而伟大的天帝祷告：对有罪的人，我不敢擅自赦免。对臣仆的善恶，我也不敢隐瞒掩盖，对此您心里是清楚知道的。如果我自身有罪过，请不要责怪连累天下万方；天下万方如果有罪过，罪过应归在我身上。"周朝初年大发赏赐分封诸侯，善人都得到富贵。周武王说："虽有至亲，却不如有仁德的人。百姓如有过错，应该由我一人来承担。"孔子常说：谨慎地制定审查度量衡，恢复被废弃的官职与机构，天下四方的政令就通行了。复兴灭亡了的国家，接续断绝了的世族，推举起用前代被遗落的德才之士，天下百姓就归服了。国家所要重视的是：人民、粮食、丧葬、祭祀。做人宽厚，就会得到众人的拥护；诚实守信用，就会得到别人的任用；做事勤敏，就会取得成功；处事公平，就会使大家高兴。

原文

子张问于孔子曰："何如斯可以从政矣^①？"子曰："尊五美，屏四恶^②，斯可以从政矣。"子张曰："何谓五美？"子曰："君子惠而不费，劳而不怨，欲而不贪^③，泰而不骄，威而不猛。"子张曰："何谓惠而不费？"子曰："因民之所利而利之，斯不亦惠而不费乎？择可劳而劳之，又谁怨？欲仁而得仁，又焉贪？君子无众寡，无小大，无敢慢，斯不亦泰而不骄乎？君子正其衣冠，尊其瞻视，俨然人望而畏之，斯不亦威而不猛乎？"子张曰："何谓四恶？"子曰："不教而杀谓之虐；不戒视成谓之暴；慢令致期谓之贼；犹之与人也，出纳之吝谓之有司^④。"

注释

①斯：就。
②屏：通"摒"。除去，排除，摒弃。
③欲而不贪：指其欲在实行仁义，而不在贪图财利。皇侃《论语义疏》："欲仁义者为廉，欲财色者为贪。"
④有司：本为官吏的统称。这里指库吏之类的小官，他们在财物出入时都要精确算计。从政的人如果这样，就显得吝啬刻薄而小家子气了。

译文

子张问孔子："做到怎么样就可以从政呢？"孔子说："要尊重五种美德，摒除四种恶政，就可以从政了。"子张说："什么叫五种美德？"孔子说："君子使百姓得到好处，自己却无所耗费；安排劳役，百姓却不怨恨；希望实行仁义，而不贪图财利；安舒矜持，而不骄傲放肆；庄重威严而不凶猛。"子张说："怎样能使百姓得到好处，自己却无所耗费呢？"孔子说："顺着百姓利益之处让百姓去获得利益，不就是百姓得到好处而自己却无所耗费吗？选择百姓能干得了的劳役让他去干，谁还怨恨呢？

希望实行仁义而得到了，还贪求什么财利呢？君子无论人多人少，势力大小，都不敢轻慢，这不就是安逸矜持而不骄傲放肆吗？君子衣冠端正整齐，神色目光郑重严肃，使人望而敬畏，这不就是庄重威严而不凶猛吗？"子张说："什么叫四种恶政？"孔子说："事先不进行教育，犯了错就杀，这叫虐；事先不告诫、不打招呼，而要求马上做事成功，这叫暴；很晚才下达命令，却要求限期完成，这叫贼；同样是给人东西，拿出手时显得很吝啬，这叫有司。"

原文

孔子曰："不知命①，无以为君子也；不知礼，无以立也；不知言，无以知人也。"

注释

①命：命运，天命。儒家认为人在一生中的吉凶、祸福、生死、贫富、利害都是上天所主宰，都是与生俱来而命中注定的；人对之无可奈何无力改变。这是唯心主义的一种哲学观点。不过，孔子所说的"知命"，也包含一些积极意义的内涵，如提倡要面对现实，识时务；要了解与顺应客观事物发展规律而不应与之违背；要明确人生的道义与职责等。

译文

孔子说："不懂天命，就无法做君子；不懂礼，就无法立足于社会；不懂分析辨别言论，就无法了解认识他人。"

国学
经典
阅读

孟 子

离娄上

原文

孟子曰："离娄①之明、公输子②之巧，不以规矩③，不能成方圆。师旷④之聪，不以六律⑤，不能正五音⑥。尧、舜之道，不以仁政，不能平治⑦天下。今有仁心仁闻⑧，而民不被其泽，不可法于后世者，不行先王之道也。故曰：徒善不足以为政，徒法不能以自行。《诗》云：'不愆不忘，率由旧章，'⑨遵先王之法而过者，未之有也。圣人既竭目力焉，继之以规矩准绳，以为方圆平直，不可胜用也；既竭耳力焉，继之以六律，正五音，不可胜用也；既竭心思焉，继之以不忍人之政，而仁覆天下矣。故曰：为高必因丘陵，为下必因川泽。为政不因先王之道，可谓智乎？是以惟仁者宜在高位；不仁而在高位，是播其恶于众也。上无道揆⑩也，下无法守⑪也，朝不信道，工不信度，君子犯义，小人犯刑，国之所存者幸⑫也。故曰：城郭不完，兵甲不多，非国之灾也；田野不辟，货财不聚，非国之害也；上无礼，下无学，贼民兴，丧无日矣。《诗》曰：'天之方蹶，无然泄泄。'⑬泄泄，犹沓沓⑭也。事君无义，进退无礼，言则非先王之道者，犹沓沓也。故曰：责难于君谓之恭，陈善闭邪谓之敬，吾君不能，谓之贼⑮。"

注释

①离娄：古代一个视力很好的人，常被作为视力好的代名词。

②公输子：名班，鲁国人，又称为鲁班，著名的木匠。

③规矩：规，画圆的工具。矩，画方的工具。

④师旷：晋国人，著名音乐家。

⑤六律：确定音的高低、清浊的乐器。分别是太簇、姑洗、蕤宾、夷则、无射、黄钟。

⑥五音：五种音阶，即宫、商、角、徵、羽。

⑦平治：治理。

⑧仁心仁闻：仁心，爱人之心。仁闻，有爱人的名声而流传出去。

⑨不愆不忘，率由旧章：语出《诗经·大雅·假乐》。愆，过错。率，遵循。

⑩道揆：道德原则、规范。

⑪法守：有法度可以守职奉命。

⑫幸：侥幸。

⑬天之方蹶，无然泄泄：语出《诗经·大雅·板》。蹶，颠覆、跌倒。泄泄，多言的样子。

⑭沓沓：泄泄。

⑮吾君不能谓之贼：意为我的君王不能行善，这就是贼害。

译文

孟子说："离娄那样的视力，鲁班那样的巧匠，不用规矩，也画不成方形和圆形。师旷那样的听力，不用六律，也不能校正五音。尧、舜那样的圣明，不用仁政，也不能治理天下。有的国君有仁爱之心，也有仁爱的名声，可老百姓却没得到恩惠，也不可被后世仿效，这是因为不实行先王的仁政的缘故。所以说：仅有善心还不能搞政治，仅有规矩也不能靠它自己实施。《诗经》上说：'没有过错也没有遗忘，一切都遵循着旧的规则。'遵守先王的法令制度竟然会犯错误，这是没有的事。圣人用尽了他的眼力，接着又用规、矩、水平仪和墨线，去画方圆平直，可以随便画多画少；圣人用尽了他的耳力，接着又用六律去校五音，也是绰绰有余；圣人用尽心思去治理国家，接着又用仁政，他的仁爱就普盖天下。所以说：建高的东西要凭借着丘陵，挖低的东西要凭借河流和沼泽。搞政治却不凭借先王之道，这能说是聪明吗？所以唯有有仁德的人应该担任高官；没仁德的人占据了高位，是把他的危害扩大了。上边没法令制度，下边没有法令可遵守，朝廷不相信正道，工匠不用尺度，统治者违背道义，人民违背法律，国家还能存在下去只能说是侥幸了。所以说：城郭不完备，武器不充分，并不是国家的灾害；田野没有开垦，财物不能积聚，也不是国家的灾害；统治者不知礼，老百姓不学习，坏人横行，国家的灭亡就指日可待了。《诗经》上说：'老天爷正要颠覆它。'饶舌，也就是啰嗦。侍奉君王不讲义，任职和辞官不按礼，说话跟先王之道无关，这就是沓沓。所以说，责难君王叫作恭，把好的说出来把不好的压下去叫作敬。说自己君王不能行善，就叫作贼。"

原文

孟子曰："规矩，方圆之至也。圣人，人伦之至也。欲为君尽君道，欲为臣尽臣道，二者皆法尧、舜而已矣。不以舜之所以事尧事君，不敬其君者也。不以尧之所以治民治民，贼其民者也。孔子曰：'道二，仁与不仁而已矣。'暴其民甚，则身弑国亡；不甚，则身危国削。名之曰幽、厉①，虽孝子慈孙，百世不能改也。《诗》云：'殷鉴不远，在夏后之世。'②此之谓也。"

注释

①幽、厉：两种不好的谥号。幽，暗。厉，暴虐。
②殷鉴不远，在夏后之世：语出《诗经·大雅·荡》。意思是说商纣所当引以为戒的，就是夏桀。

译文

孟子说："规矩，是画方圆最好的工具。圣人，是人类行为的最佳典范。做个君主应尽量符合为君的规范，做个臣子应尽量符合为臣子的规范，这二者都学习尧、舜也就行了。不用舜侍奉尧的办法侍奉自己的君王，就是对他的君王不敬重。不用尧治理百姓的办法管理自己的老百姓，就是残害自己的老百姓。孔子说：'只有两条路可走，一个是仁，一个是不仁。'对他的老百姓太残暴，就会导致杀身亡国；也会让自己处于危险境地，使国家削弱。一旦被谥为'幽''厉'，即使孝子贤孙想改变这种恶谥，百代之后也改不了。《诗经》上说：'殷纣王可引以为戒的对象并不遥远，就在商统一前的夏桀身上。'说的就是这个意思。"

原文

孟子曰："三代之得天下也以仁，其失天下也以不仁。国之所以废兴存亡者亦然。天子不仁，不保四海。诸侯不仁，不保社稷。卿大夫不仁，不保宗庙。士庶人不仁，不保四体。今恶死亡而乐不仁，是犹恶醉而强酒。"

译文

孟子说："夏、商、周三代能取得天下靠的是仁，他们丧失天下是因为不仁。一个国家的败落兴起、生存灭亡也是一样。天子不仁，不能保天下。诸侯不仁，不能保他的国家。卿大夫要是不仁，就不能保自己的宗庙。士庶人不仁，就不能保自己的生命。现在有的人讨厌死亡却喜欢干坏事，这就像讨厌喝醉却强要去喝酒一样。"

原文

孟子曰："爱人，不亲，反其仁。治人，不治，反其智。礼人，不答，反其敬。行有不得者，皆反求诸己，其身正而天下归之。《诗》云：'永言配命，自求多福。'"

译文

孟子说："爱别人，别人却不亲近你，要回头考虑自己对别人的爱是否足够。管理百姓，却没能管理好，要回头来考虑自己的智慧是否还不够。对别人有礼貌，别人却对你没礼貌，要回头来考虑自己对别人的尊敬是否够。做什么事有行不通的，都回过头从自己身上找原因，自己行得正，天下也就归顺了。《诗经》上说：'永远按天命行事，自己的行为决定将来的命运。'"

原文

孟子曰："人有恒言，皆曰'天下国家'。天下之本在国，国之本在家，家之本在身。"

译文

孟子说："人们常说'天下国家'。天下的根本在国，一国的根本在家，家的根本在个人。"

原文

孟子曰："不仁者可与言哉？安其危而利其灾，乐其所以亡者。不仁而可与言，则何亡国败家之有！有孺子歌曰：'沧浪之水清兮。可以濯我缨。沧浪之水浊兮，可以濯我足。'孔子曰：'小子听之：清斯濯缨，浊斯濯足矣。自取之也。'夫人必自侮，然后人侮之；家必自毁，而后人毁之；国必自伐，而后人伐之。《太甲》曰：'天作孽，犹可违；自作孽，不可活。'此之谓也。"

译文

孟子说："不仁的统治者怎能够用语言劝说呢？他们把危险的局面当成最安全的，把灾难的前景看成是有利的形势，对他们灭亡的根源乐此不疲。这些人要是可以用语言劝说，哪还会有亡国败家之人呢？有个小孩子唱道：'清清的沧浪河水呀，可以洗我的帽带；浊浊的沧浪河水呀，可以洗我的双足。'孔子说：'同学们听着！清的才可以洗帽带，可浑水只能洗脚，这都是自己招致的。'一个人一定是先侮辱自己，然后别人才侮辱他；一个家一定是先自我拆台，然后别人才毁坏它；一个国家一定是先自毁长城，然后别人才来讨伐它。《太甲》中说：'天降灾难，可躲；自找的灾难，不可逃。'说的就是这个意思。"

原文

孟子曰："桀纣之失天下也，失其民也。失其民者，失其心也。得天下有道：得其民，斯得天下矣。得其民有道：得其心，斯得民矣。得其心有道：所欲与之聚之①，所恶勿施尔也。民之归仁也，犹水之就下、兽之走圹②也。故为渊驱鱼者獭也，为丛驱爵③者鹯也，为汤、武驱民者桀与纣也。今天下之君有好仁者，则诸侯皆为驱矣，虽欲无王，不可得矣。今之欲王者，犹七年之病求三年之艾也。苟为不畜，终身不得。苟不志于仁，终身忧辱，以陷于死亡。《诗》云：'其何能淑？载胥及溺。'④此之谓也。"

注释

①所欲与之聚之：老百姓想要的就替他们聚集起来。聚，增多、聚敛之意。

②圹：旷野。

③爵：即雀。

④其何能淑？载胥及溺：语出《诗经·大雅·柔桑》。淑，善。载，则。胥，相互。溺，沉溺、灭亡。

译文

孟子说："夏桀、商纣之所以失掉天下，是因为失掉了老百姓。之所以失去老百姓，是因失去了民心。想得天下有一定的途径：能得到天下老百姓的拥护，也就能得到天下了。想得到老百姓的拥护有一定的途径：能得到民心，也就得到老百姓拥护了。要想得到民心也有办法：老百姓想要的替他们聚集起来，不想要的不要强加给他们。老百姓对仁的归顺，就像水向低处流、野兽要跑向旷野一样。所以说在深渊将鱼驱赶聚集的是吃鱼的水獭，为树林将鸟雀驱赶聚集的是吃小鸟的鹞鹰，替商汤、周武王驱赶聚集百姓的是夏桀与商纣。现今天下的君主要是有喜欢仁的，别的诸侯都会替他驱赶聚集老百姓，即使不想称王于天下，也不可能。现在想统一天下的人，就像常年有病想去寻找陈年旧艾做药一样，要是平日不注意储藏艾蒿，那么一辈子也找不到。如果不想行仁政，就会一辈子担惊受怕或遭屈辱，以至于到死亡的境地。《诗经》上说：'那怎么能变好呢？（如果）只会互相为非作歹，最终必然导致灭亡。'说的就是这种情况。"

原文

孟子曰："自暴者，不可与有言也；自弃者，不可与有为也。言非礼义，谓之自暴也；吾身不能居仁由义，谓之自弃也。仁，人之安宅也。义，人之正路也。旷安宅而弗居，舍正路而不由，哀哉！"

译文

孟子说："自暴的人，没什么有价值的话可谈的；自弃的人，是不能指望他能做出什么好的行为的。谈话中从来不涉及礼义，就叫作自暴；说我做不到居仁由义，这就是自弃。仁，是人最舒适的住宅。义，是人生的正确道路。把舒适的住宅空着而不去住，舍弃正确的道路而不去走，可悲啊！"

原文

孟子曰："道在迩而求诸远，事在易而求诸难。人人亲其亲、长其长，而天下平。"

译文

孟子说："路在近处却要去远方找，事情很容易却硬要去找困难的解决方法。其实，只要人人都尊敬他的父母、尊敬他的长辈，天下也就太平了。"

原文

孟子曰："居下位而不获于上，民不可得而治也。获于上有道：不信于友，弗获于上矣。信于友有道：事亲弗悦，弗信于友矣。悦亲有道：反身不诚，不悦于亲矣。诚身有道：不明乎善，不诚其身矣。是故诚者，天之道也；思诚者，人之道也。至诚而不动者，未之有也；不诚，未有能动者也。"

译文

孟子说："做官而不能得到君主的信任，是不能治理好老百姓的。要得到君主的信任也有办法：不被朋友信任，就得不到君主的信任。要想获得朋友的信任：侍奉自己的父母不能让父母高兴，也就不能让朋友信任。让父母高兴也有办法：自己不真诚就不能让父母高兴。自身要真诚也有办法：不懂得什么是善，也就不能使自己真诚。所以说，真诚是天的要求，而想着如何真诚则是人的事情。非常真诚而不使人感动的，从没出现过；不真诚，要打动人也不可能。"

原文

孟子曰："存乎人者，莫良于眸子。眸子不能掩其恶。胸中正，则眸子瞭①焉；胸中不正，则眸子眊②焉。听其言也，观其眸子，人焉廋③哉？"

注释

①瞭：明亮。
②眊：不明亮。
③廋：隐藏。

译文

孟子说："人的身上，没有比眼睛能更好地反映一个人的品性了。一个人的眼睛掩盖不了他实际上的缺点。心中正派，眼睛就明亮；心中不正派，眼睛就无神。听一个人说话，又观察他的眼睛，他怎么能隐藏住自己呢？"

原文

孟子曰："恭者不侮人，俭者不夺人。侮夺人之君，惟恐不顺焉，恶得为恭俭？恭俭岂可以声音笑貌为哉？"

译文

孟子说："真正谦恭的人不侮辱别人，真正俭朴的人不掠夺他人。有的国君侮辱别人、掠夺别人，惟恐别人不顺从自己，怎能算是恭俭呢？恭俭怎能是靠装出来的声音笑貌所能做得到的呢？"

原文

淳于髡[1]曰："男女授受不亲，礼与?"

孟子曰："礼也。"

曰："嫂溺，则援之以手乎?"

曰："嫂溺不援，是豺狼也。男女授受不亲，礼也；嫂溺，援之以手者，权也。"

曰："今天下溺矣，夫子之不援，何也?"

曰："天下溺，援之以道；嫂溺，援之以手。子欲手援天下乎?"

注释

[1]淳于髡：姓淳于，名髡，齐国著名的能言善辩之人。

译文

淳于髡说："男女之间不直接传递东西，这是礼的规定吗?"

孟子说："是的。"

淳于髡说："嫂子掉进了水中，能伸出手去救她吗?"

孟子说："嫂子掉进水中而不伸手救她，简直就是豺狼之心。男女不直接传递东西，是礼的规定；嫂子掉进水中，伸手去救她，这是权变。"

淳于髡说："现在天下都处于水深火热之中，先生你却不去救，这是为什么呢?"

孟子说："天下处于水深火热之中，要靠道去救；嫂子掉进水中，要用手去救。我用手能去救天下吗?"

原文

孟子曰："有不虞之誉，有求全之毁。"

译文

孟子说："有意想不到的赞誉，也有对某人求全责备而引起的诽谤。"

原文

孟子曰："人之易其言也①，无责②耳矣。"

注释

①易其言：话轻易出口，出言不谨慎。
②无责：不负责任。

译文

孟子说："一个人说话随便，是对他自己不负责任。"

原文

孟子曰："人之患在好为人师。"

译文

孟子说："人们的毛病在于总是喜欢充当别人的老师。"

原文

孟子曰："不孝有三，无后为大。舜不告而娶，为无后也，君子以为犹告也。"

译文

孟子说："不孝有三种表现，没有后代可祭祀先祖是最大的不孝。舜没报告父母就娶妻，怕的是没有后代，所以君子认为舜等于是先报告了父母才娶妻的。"

原文

孟子曰："仁之实，事亲是也。义之实，从兄是也。智之实，知斯二者弗去是也。礼之实，节文①斯二者是也。乐之实，乐斯二者，乐则生矣，生则恶可已也，恶可已，则不知足之蹈之、手之舞之。"

注释

①节文：适当地加以调节。

译文

孟子说："仁的实质是侍奉父母。义的实质是顺从兄长。智的实质是明白仁、义是什么并信守它们。礼的实质是对仁义适当地加以调节。乐的实质是喜欢仁、义，快乐就由此产生了，快乐产生之后怎能停止呢？快乐不能停止，人就会不知不觉间高兴得手舞足蹈。"

原文

孟子曰："天下大悦而将归己，视天下悦而归己，犹草芥也，惟舜为然。不得乎亲，不可以为人；不顺乎亲，不可以为子。舜尽事亲之道而瞽瞍厎豫①。瞽瞍厎豫，而天下化，瞽瞍厎豫，而天下之为父子者定。此之谓大孝。"

注释

①底豫：使之高兴。底，致。豫，高兴。

译文

孟子说："天下人都很高兴，马上就要归顺自己，但是天下人快乐地归顺自己，自己却把它没看成大事，只有大舜能做到这样。不被父母喜欢，不能算是人；不能顺从父母的心意，也就不能算是儿子。大舜试尽了侍奉父母的方法终于使他的父亲瞽瞍高兴了。瞽瞍一高兴，整个天下都会随之改变。瞽瞍一高兴，天下的父子关系也就确定下来了。这才是大孝。"

离 娄 下

原文

孟子曰："舜生于诸冯①，迁于负夏，卒于鸣条，东夷②之人也。文王生于岐周③，卒于毕郢，西夷④之人也。地之相去也，千有余里；世之相后也，千有余岁，得志行乎中国，若合符节。先圣后圣，其揆一也。"

注释

①诸冯：地名，与下面的负夏、鸣条都在东部，约在今山东省境内。

②东夷：东方民族。夷，对边远地区文化落后部族的称呼。

③岐周：岐山下周王朝的旧邑。

④西夷：对西方民族的称呼。

译文

孟子说："大舜出生在诸冯，后来迁居到负夏，最后死在鸣条，算是东方的少数民族。周文王出生在岐山下周朝之地，在毕郢去世，算是西方的少数民族。他们在地域上相距一千多里，时代先后相差一千多年，却都能够统一天下，这两者是完全相同的。先代圣王与后世圣王，他们在根本上是一致的。"

原文

子产①听郑国之政，以其乘舆济人于溱、洧②。孟子曰："惠而不知为政。岁十一月，徒杠③成，十二月，舆梁④成，民未病涉也⑤。君子平其政，行辟人可也，焉得人人而济之？故为政者，每人而悦之，日亦不足矣。"

注释

①子产：春秋时郑国大夫，名公孙侨，曾长期执政。

②溱、洧（zhēn wěi）：郑国境内的两条河。

③徒杠：简易的桥，可供行人通过。

④舆梁：可过车马的桥。

⑤民未病涉：老百姓不再担心在水中走来走去了。

译文

子产执掌郑国政权，曾经用自己坐的车带老百姓涉过溱水、洧水。

孟子评论说："子产虽然心好但却不懂得搞政治。夏历十一月，先搭一座能过行人的简易桥梁；十二月，又建成可通过车马的大桥，老百姓就不担心在水中走来走去了。执政者要是把政治搞得好，出行的时候鸣锣开道都可以，怎么能够去帮助百姓一个个地渡河呢？执政的人要想让每一个老百姓都高兴，一个一个地去帮助他们，时间是不够用的。"

原文

孟子告齐宣王曰："君之视臣如手足，则臣视君如腹心。君之视臣如犬马，则臣视君如国人。君之视臣如土芥，则臣视君如寇仇。"

王曰："礼，为旧君有服，何如斯可为服矣？"

曰："谏行言听，膏泽下于民；有故而去，则君使人导之出疆，又先于其所往；去三年不反，然后收其田里。此之谓三有礼焉。如此，则为之服矣。今也为臣，谏则不行，言则不听，膏泽不下于民；有故而去，则君搏执之，又极之于其所往；去之日，遂收其田里。此之谓寇仇，寇仇何服之有？"

译文

孟子对齐宣王说："君主如果把臣下当成自己手足那样去爱护，臣下就会把君主当成自己的心脏看待。君主如果把臣下当成狗马等玩物一样，臣下就会把君主当成普通的路人。君主如果把臣下当成泥土和草芥一样轻贱，臣下就会把君主当成强盗和仇敌。"

齐宣王说："《礼》上规定，已经离职的臣下也要替自己过去的君主服丧，君主要怎样做才可以让臣下为他服丧呢？"

孟子说："臣下的劝谏能够接受，臣下的建议也都听从，让人民都受到恩惠；臣下出于某种原因要离开了，君主要派人保护其出境，又在他要去的国家先替他作一番安排布置；离开了三年还没回来，才收回赐给他的土地住宅。这就叫作三次礼敬。这样做的话，臣下就会为过去的君主服丧。现在做臣下的，有什么劝谏君主也不接受，臣下有什么建议君主也不听从，政治治理也没能让老百姓受惠；臣下因为某种原因要离开了，君主像对待犯人那样把他绑起来驱赶出境，又到他将去的国家说尽坏话；离开的当天就收回他的土地和住宅。这种关系就像是强盗和仇敌，君臣之间像仇敌一样还服什么丧呢？"

原文

孟子曰："君仁，莫不仁。君义，莫不义。"

译文

孟子说："如果君主仁爱，一个国家的人民都会仁爱。如果君主的行为符合道义，一个国家的人民行为都会符合道义。"

原文

孟子曰："中也养不中，才也养不才，故人乐有贤父兄也。如中也弃不中，才也弃不才，则贤不肖之相去，其间不能以寸。"

译文

孟子说："品德好的人教导品德不好的人，有本事的人教导没本事的人，这样人们才乐于有好的父亲和兄长。如果品德好的人抛弃品德不好的人，有本事的人抛弃没本事的人，那么好和不好之间的距离就极小了。"

原文

孟子曰："人有不为也，而后可以有为。"

译文

孟子说:"一个人要懂得选择,有的事情不能做,不去做,才能做好可做的事情。"

原文

孟子曰:"言人之不善,当如后患何!"

译文

孟子说:"说别人坏话的人,招来后患怎么办!"

原文

孟子曰:"仲尼不为已甚者。"

译文

孟子说:"孔子不做过分的事情。"

原文

孟子曰:"大人者,言不必信,行不必果,惟义所在。"

译文

孟子说:"正人君子,说话不一定句句都要守信用,做事不一定都要有结果，关键要看是否符合道义。"

原文

孟子曰："大人者，不失其赤子之心者也。"

译文

孟子说："正人君子，是那些保持他们幼年纯洁、善良的人。"

原文

孟子曰："养生者不足以当大事，惟送死可以当大事。"

译文

孟子说："父母活着时供奉他们称不上大事，到他们去世后安葬他们才真正是人生的大事。"

原文

孟子曰："君子深造之以道，欲其自得之也。自得之，则居之安。居之安，则资之深。资之深，则取之左右逢其原。故君子欲其自得之也。"

译文

孟子说："君子遵循一定的方法来加深自己的造诣，目的是希望自己有所收获。自己有所收获，懂得其中的道理，就能牢固地掌握它。掌握得牢固，就能积累深厚。积累得深厚，用起来就能左右逢源。所以君子总是希望自己有所收获。"

原文

孟子曰:"博学而详说之,将以反说约也。"

译文

孟子说:"广泛地学习而又详细解说,目的是融会贯通后用很少的话把道理表达出来。"

原文

孟子曰:"以善服人者,未有能服人者也。以善养人,然后能服天下。天下不心服而王者,未之有也。"

译文

孟子说:"靠着行善能够取胜于人的,没有人成功过。用自己的善心来培养、诱导人,这样才可以取胜于整个天下。天下人不心悦诚服而想统一天下的,从未有过。"

原文

徐子曰:"仲尼亟①称于水,曰:'水哉,水哉!'何取于水②也?"孟子曰:"源泉混混,不舍昼夜,盈科③而后进,放乎四海。有本者如是,是之取尔。苟为无本,七八月之间雨集,沟浍④皆盈;其涸也,可立而待也。故声闻过情,君子耻之。"

注释

①亟：多次。
②取于水：以水为借鉴，称赞水的优点。
③盈科：盈，满。科，坎，洼地。
④沟浍：沟，水流处。浍，田间水沟。

译文

徐子说："孔子多次称赞水，他说：'水呀，水呀！'为什么称赞水呢?"孟子说："泉水日夜不停地向外涌，等到把洼地灌满又前进，以至能到达大海里。根基扎实的人就像水，所以孔子称赞水。如果没什么根基，七八月间暴雨来临，大小河沟都满了，但过不久就干了。所以名声要是超过了自己的实际能力，君子认为这是一种耻辱。"

原文

孟子曰："人之所以异于禽兽者几希，庶民去之，君子存之。舜明于庶物，察于人伦，由仁义行，非行仁义也。"

译文

孟子说："人跟禽兽的区别是很少的，一般人离那一点点区别于禽兽的人性越来越远，君子却保护那一点点人性。大舜明了事物的道理，又懂得人际关系的实质，他是从仁义出发做事，并不是只做出仁义的样子。"

原文

孟子曰："王者之迹熄而《诗》亡，《诗》亡然后《春秋》作。晋之《乘》，楚之《梼杌》，鲁之《春秋》，一也。其事则齐桓、晋文，其文则史①。孔子曰：'其义则丘窃取②之矣。'"

注释

①其文则史：它的文章体裁则属史书笔法。
②窃取：自己决定。

译文

孟子说："先王的恩德不存在了，《诗经》也亡失了，《诗经》亡失以后，《春秋》才创作出来。晋国的《乘》、楚国的《梼杌》、鲁国的《春秋》，本质是一样的，都是记载历史的。它们所记的事是齐桓公、晋文公等人称霸的事，体裁则属于史书。孔子说：'对历史事件评论的标准就由我个人决定了。'"

原文

孟子曰："君子之泽，五世而斩①。小人之泽，五世而斩。予未得为孔子徒也，予私淑诸人②也。"

注释

①君子之泽，五世而斩：君子的流风余韵，五代之后就断绝了。
②私淑诸人：向别人学来的伟大学说。私淑：不是亲自向某人学习，

而是通过别的渠道了解。诸人，指孟子的老师辈。

译文

孟子说："君子的遗风余韵，到了五代之后也就断了。小人的遗风，一过五代也不存在了。我没能成为孔子的学生，我是从别人那里了解了孔子的伟大学说。"

原文

孟子曰："可以取，可以无取，取伤廉。可以与，可以无与，与伤惠。可以死，可以无死，死伤勇。"

译文

孟子说："想想自己可以获取一些财物，但也应想想能不能不要，因为获取太多有害于廉洁。想想可以给别人财物，也应该想想能不能不给，给得太多等于滥施恩惠。有时可以去死，但也应想能否不去死，轻易去死对自己勇敢的名声也是伤害。"

原文

逢蒙①学射于羿②，尽羿之道，思天下惟羿为愈己，于是杀羿。

孟子曰："是亦羿有罪焉。"

公明仪曰："宜若无罪焉。"

曰："薄乎云尔③，恶得无罪？郑人使子濯孺子④侵卫，卫使庾公之斯⑤追之。子濯孺子曰：'今日我疾作，不可以执弓。吾死矣夫！'问其仆曰：'追我者谁也？'其仆曰：'庾公之斯也。'曰：'吾生矣！'其仆曰：'庾公之斯，卫之善射者也。夫子曰：'吾生，何谓也。'曰：'庾公之斯学射于尹公之他⑥，尹公之他学射于我。夫尹公之他，端人也，其取友必端矣。'庾公之斯至，曰：'夫子何为不执弓？'曰：'今日我疾作，不可以执弓。'曰：'小人学射于尹公之他，尹公之他学射于夫子。我不忍以夫子之道反害夫子。虽然，今日之事，君事也，我不敢废。'抽矢扣轮⑦，去其金⑧，发乘矢⑨，而后反。"

注释

①逢蒙：羿的家臣，曾向羿学习箭法。

②羿：古代善射者的通称，此处指夏朝有穷氏的后羿。

③薄乎云尔：罪过小罢了。

④子濯孺子：人名。

⑤庾公之斯：人名。

⑥尹公之他：人名。

⑦抽矢扣轮：取出箭击打车轮。

⑧去其金：去掉箭头。

⑨发乘矢：发射四支箭。

译文

逢蒙向羿学习箭法，把羿的射箭术都学到了手，想想天下只有羿本人的箭术超过自己，就杀害了羿。

谈到这件事，孟子说："羿本人也要承担责任啊。"

公明仪不同意，说道："羿好像没什么过错啊。"

孟子说："只是过错小些，怎能说没过错呢？以前郑国曾派子濯孺子进犯卫国，卫国派庾公之斯去追击敌人。子濯孺子说：'今天我病了，不能开弓放箭。我将要死了啊！'问驾车人：'是谁追我们呢？'车夫说：'是庾公之斯。'子濯孺子说：'我又能活了！'车夫问：'庾公之斯是卫国著名的会射箭的人，大夫您却说能活了，这是为什么呢？'子濯孺子说：'庾公之斯是向尹公之他学习的箭法，尹公之他又是向我学习的箭法。尹公之他这个人是一个正人君子，他选择的朋友一定也是正人君子。'庾公之斯赶来问道:'先生为什么不拿起弓?'子濯孺子说:'我今天病了,不能开弓放箭。'庾公之斯说:'我是向尹公之他学习的箭法,而他又是向您学习的箭法。我不忍心用从您那里学来的箭法伤害您。但是今天的战斗又是君主的大事,我不敢不做。'于是便取出箭敲击车轮,去掉箭头,射出四支箭,然后才回去。"

原文

孟子曰:"西子①蒙不洁,则人皆掩鼻而过之。虽有恶人②,齐戒③沐浴,则可以祀上帝。"

注释

①西子:西施,春秋末著名的美女。

②恶人:相貌丑陋的人。

③齐戒:齐,即"斋"。斋戒,是指祭祀前的一系列禁忌,以表示对上天的虔诚。

译文

孟子说:"西施这样的美人要是头上蒙着肮脏的东西,人们都会捂着鼻子快步地走过去。即使是相貌丑陋的人,如果他斋戒又洗净了全身,也可以祭祀上天。"

原文

孟子曰:"君子所以异于人者,以其存心也。君子以仁存心,以礼存心。仁者爱人,有礼者敬人。爱人者,人恒爱之。敬人者,人恒敬之。有人于此,其待我以横逆,则君子必自反也:'我必不仁也,必无礼也,此物奚宜至哉?'其自反而仁矣,自反而有礼矣,其横逆由是也,君子必自反也：'我必不忠。'自反而忠矣，其横逆由是也，君子曰：'此亦妄人也已矣。如此，则与禽兽奚择哉？于禽兽又何难焉！'是故君子有终身之忧，无一朝之患也。乃若所忧则有之：舜，人也；我，亦人也。舜为法于天下，可传于后世。我由未免为乡人也，是则可忧也。忧之如何？如舜而已矣。若夫君子所患，则亡矣。非仁无为也，非礼无行也。如有一朝之患，则君子不患矣。"

译文

孟子说："君子跟普通人的区别，就在于他能保持本心。君子是用仁、礼来保持本心。仁者爱护别人，有礼者尊敬别人。爱护别人的人，别人也常常爱护他。尊敬别人的人，别人也常常尊敬他。有人粗暴无礼地对待自己，君子一定会自我反思：'我一定有爱心不够的地方，有不尊重别人的地方，这种情况怎么能够出现呢？'他自我反省后又爱人又尊重人，可别人粗暴的态度还是没改变，君子又会自我反省：'我肯定有不诚实的地方。'通过自我反省诚实了，别人粗暴的态度依然没能改变，君子就说：'这是个狂妄之徒。像他这样的人，跟禽兽又有什么区别呢？（我们）对禽兽又有什么可责难的呢？'所有君子一生都有忧虑，但却从没有突然出现的灾难。君子一般有这样的忧虑：大舜是人，我也是人。大舜被天下人所效法，可以流传到后世。而我却免不了做一个普通人，这是值得忧虑的呀。忧虑这件事该怎么办呢？就像大舜那样做罢了。至于说君子的灾难，是没有的。不合仁爱的事不做，不合礼的规范的事不做。如果有灾难降临，君子也不用担心。"

原文

禹、稷当平世，三过其门而不入。孔子贤之。颜子当乱世，居于陋巷，一箪食，一瓢饮；人不堪其忧，颜子不改其乐。孔子贤之。孟子曰："禹、稷、颜回同道。禹思天下有溺者，由己溺之也。稷思天下有饥者，由己饥之也。是以如是其急也。禹、稷、颜子，易地而皆然。今有同室之人斗者，救之，虽被发缨冠而救之可也。乡邻有斗者，被发缨冠而往救之，则惑也，虽闭户可也。"

译文

禹、后稷生活在太平之世，多次经过自己家门口却没有进去。孔子称赞他们。颜回生活在乱世，住在陋巷里，吃着简单的食物，喝着凉水，人们都不能忍受这种穷困的状况，可颜回照样快乐地生活。孔子也称赞了他。孟子说："大禹、后稷、颜回的处世准则是一样的。大禹认为天下有人淹在水里，就像自己把人推进水中一样。后稷认为天下如果有吃不饱饭的人，就好像自己不给他们饭吃一样。所以他们去解救天下人是如此的急迫。大禹、后稷、颜回三人，即使互相调换一下位置也跟原来的处世准则一样，不会改变。现在自家的人打斗，去劝解，即使披散着头发、未系帽带急匆匆去劝解也是可以的。如果是邻居打斗，再披头散发不系帽带去劝解，就难以理解了，即使关上门不管也是可以的。"

原文

公都子曰："匡章①，通国②皆称不孝焉。夫子与之游，又从而礼貌③之，敢问何也？"

孟子曰："世俗所谓不孝者五：惰其四支，不顾父母之养，一不孝也。博弈好饮酒，不顾父母之养，二不孝也。好货财，私妻子，不顾父母之养，三不孝也。从④耳目之欲，以为父母戮⑤，四不孝也。好勇斗很⑥，以危父母，五不孝也。章子有一于是乎？夫章子，子父责善而不相遇⑦也。责善，朋友之道也。父子责善，贼恩之大者。夫章子，岂不欲有夫妻子母之属哉？为得罪于父，不得近，出妻屏子，终身不养焉。其设心以为不若是，是则罪之大者。是则章子而已矣。"

注释

①匡章：齐国人。

②通国：全齐国。

③礼貌：尊敬。

④从：通"纵"，放纵。

⑤戮：羞辱。

⑥很：通"狠"，因恼怒而暴戾。

⑦子父责善而不相遇也：父子用善行互相要求对方，从而把关系弄僵了。

译文

公都子说："匡章，是全齐国人都说的不孝之人。老师不仅与他交往，并且还对他相当尊敬，请问这是为什么呢？"

孟子说："社会上所说的不孝有五种情况：四肢懒惰，不管父母的赡养，是一种不孝。喜欢赌博下棋又爱喝酒，不管父母的赡养，这是第二种不孝。喜欢财物，对老婆孩子很好，却不管对父母的赡养，这是第三种不孝。放纵耳目的欲望，结果胡作非为，给父母带来羞辱，这是第四种不孝。跟别人斗勇，因小事而互相打斗，危害到自己的父母，这是第五种不孝。匡章有上述的情况吗？匡章是因为与他父亲以善行互相要求对方，从而导致关系僵化。以善行要求对方，是朋友交往的方法。父子以善行互相要求，就会大大地伤害父子恩情。匡章难道不想有夫妻母子的亲属关系吗？因为他得罪了父亲，不能靠拢家庭，亲近家人，只能把妻子儿子都赶了出去，终身不要他们奉养。他认为要是不这样，罪过就更大。这就是匡章的真实情况呀。"

原文

齐人有一妻一妾而处室者。其良人出，则必餍酒肉而后反。其妻问所与饮食者，则尽富贵也。其妻告其妾曰："良人出，则必餍酒肉而后反。问其与饮食者，尽富贵也，而未尝有显者来，吾将瞯良人之所之也。"蚤起，施从良人之所之，遍国中无与立谈者。卒之东郭墦间，之祭者乞其余；不足，又顾而之他。此其为餍足之道也。其妻归，告其妾曰："良人者，所仰望而终身也，今若此！"与其妾讪其良人，而相泣于中庭，而良人未之知也，施施从外来，骄其妻妾。

由君子观之，则人之所以求富贵利达者，其妻妾不羞也，而不相泣者，几希矣！

译文

齐国有一个人家中娶了一妻一妾。丈夫每次出门，一定酒足肉饱后才回来。妻子问他都是跟谁一起吃饭，他说的全是富贵人物。他的妻子跟妾说："丈夫出门，一定酒足肉饱后才回来。问跟他一起吃饭的是谁，说的全是富贵人物，可从来没有富贵人物到我们家来过，我对他的话表示怀疑，要偷偷地观察他究竟到什么地方去。"于是，她很早就起床，偷偷地在丈夫后面跟着，走遍城中，没有见到一个人跟丈夫打过招呼。最后到了城东坟墓间，丈夫到祭祀者那里讨剩下的酒肉吃；一家不够吃，又转身到别家去讨。这就是他能酒足饭饱的方法。他的妻子先回到家里，跟妾说："丈夫是我们终身的依靠，现在竟然是这种情况。"妻妾一起埋怨丈夫，并在庭院中相对哭泣，可丈夫并不知道，从外面回来时依然志得意满，在妻妾面前夸耀。

在君子看来，人们追求富贵的方法，他们的妻妾要是知道了，能够不感到羞耻且不因此而哭的，很少了。

万　章　上

原文

万章问曰："舜往于田，号泣于旻天，①何为其号泣也？"

孟子曰:"怨慕②也。"

万章曰:"'父母爱之,喜而不忘。父母恶之,劳而不怨。'然则舜怨乎?"

曰:"长息③问于公明高④曰:'舜往于田,则吾既得闻命矣。号泣于旻天、于父母,则吾不知也。'公明高曰:'是非尔所知也。'夫公明高以孝子之心,为不若是恝⑤,我竭力耕田,共为子职而已矣。父母之不我爱。于我何哉?帝⑥使其子九男二女,百官牛羊仓廪备,以事舜于畎亩之中。天下之士多就之者,帝将胥⑦天下而迁之⑧焉。为不顺于父母,如穷人无所归。天下之士悦之,人之所欲也,而不足以解忧。好色,人之所欲,妻帝之二女,而不足以解忧。富,人之所欲,富有天下,而不足以解忧。贵,人之所欲,贵为天子,而不足以解忧。人悦之、好色、富贵,无足以解忧者,惟顺于父母,可以解忧。人少,则慕父母;知好色,则慕少艾⑨;有妻子,则慕妻子;仕则慕君,不得于君则热中⑩。大孝终身慕父母。五十而慕者,予于大舜见之矣。"

注释

①旻天:天空。

②怨慕:既怨自己不被父母喜欢,又思念他们。

③长息:公明高弟子。

④公明高:曾子弟子。

⑤恝:没有忧愁的样子。

⑥帝:尧。

⑦胥:观察、考察。

⑧迁之:交给他。

⑨少艾:美少女。艾,美好。

⑩热中:内心焦躁。

译文

万章问道:"大舜到田野间,对着天空哭诉,他为什么要哭诉呢?"

孟子说:"因为他既埋怨父母不喜欢自己,又思念他们。"

万章说:"'父母喜欢他,他就应该高兴并永远记住父母的恩情。父母不喜欢他,就应该辛苦劳作却不能埋怨父母。'那么大舜埋怨父母吗?"

孟子说:"长息问公明高:'大舜到田间去,我已经听您讲解过了,向苍天哭诉父母,这一点我还不懂。'公明高说:'这就不是你能理解的了。'这是公明高以孝子心态,认为不应该若无其事、淡然处之:我努力耕田,是尽一个做儿子的责任罢了。父母不喜欢我,我有什么办法呢?尧派自己的孩子,其中有九个儿子两个女儿,还有百官带着充足的牛羊、粮食等,在田间为舜服务。天下士人很多到了舜这里,尧对舜考察,然后把天下都交给了他。因为不被父母喜欢,舜就像走投无路的人无所依靠。让天下士人喜欢,这是人的欲望,但这并不能解除舜的忧愁。喜欢美貌的女性,也是人的欲望,尧把两个女儿嫁给他,也不能解除舜的忧愁。富足是人的欲望,可富有天下也不能解除舜的忧愁。做大官是人的欲望,可舜贵为天子,也不能解除他的忧愁。别人的喜欢、美貌的女子、富贵,都不能解除他的忧愁,只有让父母高兴才能解除他的忧愁。人小的时候,留恋自己的父母;年龄大了,知道喜欢女色了,就思念美貌少女;有了老婆孩子,就爱慕自己的老婆孩子;出仕做官了就爱自己的君主,要是不被君主喜欢,内心就很焦急。大孝之人,一辈子都会爱护他的父母。五十岁还在爱护着父母的,我在大舜身上见到了。"

原文

万章问曰:"《诗》云:'娶妻如之何?必告父母。'①信斯言也,宜莫如舜,舜之不告而娶,何也?"

孟子曰:"告则不得娶。男女居室,人之大伦也。如告,则废人之大伦,以怼②父母,是以不告也。"

万章曰:"舜之不告而娶,则吾既得闻命矣。帝之妻③舜而不告,何也?"

曰:"帝亦知告焉则不得妻也。"

万章曰:"父母使舜完廪,捐阶,瞽瞍焚廪。使浚井,出,从而揜之。象④曰：'谟盖都君咸我绩⑤。牛羊父母，仓廪父母，干戈朕，琴朕，弤⑥尔朕。二嫂使治朕栖⑦。'象往入舜宫，舜在床琴。象曰：'郁陶⑧思君尔。'忸怩⑨。舜曰：'惟兹臣庶，汝其于予治。'⑩不识舜不知象之将杀己与？"

曰："奚而不知也？象忧亦忧，象喜亦喜。"

曰："然则舜伪喜者与？"

曰："否。昔者有馈生鱼于郑子产，子产使校人⑪畜之池。校人烹之，反命曰：'始舍之，圉圉⑫焉，少则洋洋焉，攸然而逝。'子产曰：'得其所哉！得其所哉！'校人出，曰：'孰谓子产智？予既烹而食之，曰：得其所哉，得其所哉。'故君子可欺以其方⑬，难罔以非其道⑭。彼以爱兄之道来，故诚信而喜之，奚伪焉？"

注释

①娶妻如之何？必告父母：娶妻的事情一定要向父母请示。

②怼：怨。

③妻：嫁女。

④象：舜的同父异母弟。

⑤谟盖都君咸我绩：谋杀舜都是我的功劳。谟，谋划。盖，井，指疏井时杀害舜的办法。都君，指舜。咸，都。绩，功劳。

⑥弤：雕弓。

⑦使治朕栖：让她们为我铺床。栖，床。

⑧郁陶：思念很深。

⑨忸怩：惭愧的样子。

⑩惟兹臣庶，汝其于予治：这些百官，你帮我治理吧。

⑪校人：管理池塘的小官。

⑫圉圉：受限制的样子。

⑬欺以其方：用合情理的方法欺骗（他）。

⑭罔以非其道：用不合情理的事去欺骗。

译文

　　万章说："《诗经》上说：'娶妻应该怎么办？必定得先报告父母。'如果这话是真的，大舜应该最遵守这句话，可他没报告父母就娶妻了，这是为什么呢？"

　　孟子说："先报告父母就娶不到妻子了。男女成婚，是人生的重大伦常。如果报告父母，就要废弃伦常从而怨恨父母，所以就不报告他们了。"

　　万章说："大舜没禀告父母就娶妻，我已经听您解释了。可尧要把女儿嫁给舜也不告诉舜的父母，这是为什么呢？"

　　孟子说："尧也知道告诉舜的父母也就不能把女儿嫁给舜了。"

　　万章说："父母派舜修缮仓库，可他们抽掉梯子，舜的父亲瞽瞍放火烧了仓库，要害他。派舜去打井，瞽瞍一出来，立即把井埋住，想害死他。象说：'用打井的办法杀舜都是我的功劳。牛羊、仓库都给父母，干戈、琴、雕弓都归我，两位嫂子给我铺床。'象到了舜的宫殿，舜正在床上弹琴。象说：'我想你想得好苦啊。'但说完后露出惭愧的神色。舜说：'这些百官，你帮我治理吧。'舜难道还不明白象要杀自己吗？"

　　孟子说："怎么会不知道呢？不过象忧愁他也忧愁，象高兴他也高兴。"

　　万章说："这么说来，舜是不是假装高兴呢？"

　　孟子说："不是的。以前有人送一条活鱼给子产，子产让管池塘的小官把它放入池塘放生。可这个小官把鱼煮吃了，却回去报告子产说：'刚放进水中，鱼还不太敢动，不久就欢快起来，突然游走了。'子产说：'到了它该去的地方啊！到了它该去的地方啊！'管池塘的小官出来跟人说：'谁说子产聪明呢？我把鱼煮吃了，他却说：到了它应该去的地方，到了它应该去的地方。'所以君子可用合乎情理的事去欺骗他，难以用不合情理的事去欺骗他。象用敬爱兄长的办法来欺骗舜，所以舜真心相信且真的很高兴，怎么会假装很高兴呢？"

原文

咸丘蒙①问曰："语云：'盛德之士，君不得而臣，父不得而子。'舜南面而立，尧帅诸侯北面而朝之，瞽瞍亦北面而朝之。舜见瞽瞍，其容有蹙②。孔子曰：'于斯时也，天下殆哉！岌岌乎③！'不识此语诚然乎哉？"

孟子曰："否。此非君子之言，齐东野人之语也。尧老而舜摄④也。《尧典》⑤曰：'二十有八载，放勋⑥乃徂落⑦，百姓如丧考妣⑧，三年，四海遏密八音⑨。'孔子曰：'天无二日，民无二王。'舜既为天子矣，又帅天下诸侯以为尧三年丧，是二天子矣。"

咸丘蒙曰："舜之不臣尧，则吾既得闻命矣。《诗》云：'普天之下，莫非王土；率土之滨，莫非王臣。'⑩而舜既为天子矣，敢问瞽瞍之非臣，如何？"

曰："是诗也，非是之谓也。劳于王事，而不得养父母也。曰：'此莫非王事，我独贤劳⑪也。'故说《诗》者不以文害辞，不以辞害志。以意逆志，是为得之。如以辞而已矣，《云汉》之诗曰：'周余黎民，靡有孑遗。'⑫信斯言也，是周无遗民也。孝子之至，莫大乎尊亲。尊亲之至，莫大乎以天下养。为天子父，尊之至也。以天下养，养之至也。《诗》曰：'永言孝思，孝思维则。'⑬此之谓也。《书》曰：'祗载见瞽瞍，夔夔齐栗，瞽瞍亦允若。'⑭是为父不得而子也。"

注释

①咸丘蒙：孟子弟子。

②蹙：不安的样子。

③岌岌乎：危险的样子。

④摄：代理。

⑤《尧典》：《尚书》篇名，记载尧舜禅让之事。

⑥放勋：尧的号。

⑦殂落：去世。

⑧考妣：对去世的父母的称呼。考，已死的父亲。妣，已死的母亲。

⑨遏密八音：停止演奏音乐。八音，八种材料制成的乐器所发出的声音。

⑩普天之下，莫非王土；率土之滨，莫非王臣：天下所有的土地，没有一处不归国君；全部国土之上，没有一人不是国君的臣民。

⑪贤劳：因为贤能而劳苦。

⑫周余黎民，靡有子遗：语出《诗经·大雅·云汉》，意为周剩下的老百姓，都没有活下来。

⑬永言孝思，孝思维则：语出《诗经·大雅·下武》，经常讲孝不忘孝，可以做天下的楷模。

⑭祗载见瞽瞍，夔夔齐栗，瞽瞍亦允若：语出《尚书·大禹谟》。祗，敬。载，事。夔夔齐栗，恭敬、谨慎、恐惧的样子。允，真诚。若，顺。舜恭敬谨慎，战战兢兢地去见父亲，父亲也被感动了，父子关系恢复正常。

❀ 译文

咸丘蒙问道："古语说：'道德特别高尚的人，君主不能把他当成臣子，父亲不能把他当成儿子。'舜即天子之位，尧带着众诸侯朝见他，舜的父亲瞽瞍也朝拜舜。舜见了他父亲，脸上显出不安的神色。孔子说：'这个时候天下很危险啊！因人伦关系的错乱让天下处于岌岌可危的地步！'不知道这话对不对？"

孟子说："不对。这不是君子的话，是齐国东部乡下人的流言。尧老的时候舜代理天子。《尧典》说：'舜摄政二十八年，尧去世了，老百姓像自己的父母去世那样伤心，三年之中，天下没有演奏音乐的，以表示对尧去世的悲痛。'孔子说：'天上没有两颗太阳，老百姓也不会有两个国君。'如果舜已经做了天子，又带领天下诸侯替尧守丧三年，等于是有两个天子了。"

咸丘蒙说："舜没有以尧为臣，我已知道了。《诗经》上说：'整个天下都是君王的领土；从内陆到海边，所有人民都是君主的臣下。舜已经做了天子，请问瞽瞍怎能不做他的臣下呢？"

孟子说："这首诗不是这个意思。是说为王事辛苦而不能供养自己的父母。诗中的意思是说'都是君王的事务，只有我因为贤能才更辛苦'。所以解说《诗经》的人不能因文字影响了对诗的词句的理解，不能因辞句而影响了对诗的主题的理解。用自己的心去领会作诗者要表达的思想，才能懂得诗的真实含义。如果仅就文辞的表面意义去理解，《云汉》诗中有'周朝剩下的老百姓没有再活下来的'。如果这话是真的，就等于周朝没有后代了。孝子最后的孝亲行为，就是尊敬父母。尊敬父母的最高程度，就是用天下的财物供养父母。作为天子的父亲，这是受到的最大尊敬。用天下的财物供养，是赡养父母的最高程度。《诗经》上说：'长久言说孝的思想，孝的思想是准则。'说的就是这个意思。《尚书》上说：'舜孝敬他的父亲，战战兢兢地来到父亲面前，父亲也变得和顺了。'这怎能说瞽瞍不把舜当成儿子呢？"

🍃 原文

万章曰："尧以天下与舜，有诸？"

孟子曰："否。天子不能以天下与人。"

"然则舜有天下也，孰与之？"

曰："天与之。"

"天与之者，谆谆然命之乎？"

曰："否。天不言，以行与事示之而已矣。"

曰："以行与事示之者，如之何？"

曰："天子能荐人于天，不能使天与之天下。诸侯能荐人于天子，不能使天子与之诸侯。大夫能荐人于诸侯，不能使诸侯与之大夫。昔者尧荐舜于天而天受之，暴之于民而民受之，故曰天不言，以行与事示之而已矣。"

曰："敢问荐之于天而天受之，暴之于民而民受之，如何？"

曰："使之主祭而百神享之，是天受之。使之主事而事治，百姓安之，是民受之也。天与之，人与之，故曰天子不能以天下与人。舜相尧二十有八载，非人之所能为也，天也。尧崩，三年之丧毕，舜避尧之子于南河之南。天下诸侯朝觐者，不之尧之子而之舜；讼狱者，不之尧之子而之舜；讴歌者，不讴歌尧之子而讴歌舜。故曰天也。夫然后之中国，践天子位焉。而居尧之宫，逼尧之子，是篡也，非天与也。《泰誓》曰：‘天视自我民视，天听自我民听。’此之谓也。”

译文

万章说：“尧把天下交给了舜，有这回事吗？”

孟子说：“不是这样的。天子不能把天下给予别人。”

万章说：“那么舜得到天下，是谁给他的呢？”

孟子说：“是天给的。”

万章说：“天把天下给他，是谆谆教导他然后给他吗？”

孟子说：“不是的。天不说话，是用行为和事实示意他。”

万章说：“怎样用行为和事实示意呢？”

孟子说：“天子能把人推荐给天，可不能让天把天下交给人。诸侯能把人推荐给天子，可不能让天子把诸侯之位让他做。大夫能向诸侯推荐人，可也不能叫诸侯让他做大夫。过去尧把舜推荐给天，天就接受了，在民间公布，老百姓也接受了，所以说天不说话，只是用行为与事实示意他罢了。”

万章说：“请问，向天推荐，天接受了，在民间公布，老百姓也接受了，这是怎么回事呢？”

孟子说：“派他主持祭祀而各种神都愿意享受祭品，这就是天接受他。让他主持事务事情办得很好，老百姓很安乐，这就是老百姓接受他。是上天把天下给了他，是人民把天下给了他，所以说天子不能把天下送给别人。舜帮助尧治理天下二十八年，这不是单凭人力就能做到的，这是天意。尧去世了，三年的丧期结束，舜回避尧的儿子，一直到了南河之南。可天下人要朝拜天子的，不到尧的儿子那里却去舜那里；打官司的人，不到尧的儿子那里却去舜那里；唱歌的人，也不歌颂尧的儿子却歌颂舜。所以说这是天意。这之后他才到中原，登上天子之位。如果舜住着尧的宫殿，逼迫尧的儿子，这是篡夺权力，不是天给的。《泰誓》上说：'天的眼睛就是老百姓的眼睛，天的耳朵实际上就是老百姓的耳朵。'说的就是这个意思。"

原文

万章问曰："人有言：'至于禹而德衰，不传于贤而传于子。'有诸？"

孟子曰："否，不然也。天与贤，则与贤；天与子，则与子。昔者舜荐禹于天。十有七年，舜崩。三年之丧毕，禹避舜之子于阳城，天下之民从之，若尧崩之后不从尧之子而从舜也。禹荐益于天，七年，禹崩。三年之丧毕，益避禹之子于箕山之阴。朝觐讼狱者不之益而之启，曰：'吾君之子也。'讴歌者不讴歌益而讴歌启，曰：'吾君之子也。'丹朱之不肖，舜之子亦不肖；舜之相尧、禹之相舜也，历年多，施泽于民久。启贤，能敬承继禹之道；益之相禹也，历年少，施泽于民未久。舜、禹、益相去久远。其子之贤不肖，皆天也，非人之所能为也，莫之为而为者，天也。莫之致而至者，命也。匹夫而有天下者，德必若舜、禹而又有天子荐之者。故仲尼不有天下。继世以有天下，天之所废，必若桀、纣者也，故益、伊尹、周公不有天下。伊尹相汤以王于天下。汤崩，太丁①未立，外丙②二年，仲壬四年。太甲③颠覆汤之典刑，伊尹放之于桐。三年，太甲悔过，自怨自艾，于桐处仁迁义。三年，以听伊尹之训己也，复归于亳。周公之不有天下，犹益之于夏、伊尹之于殷也。孔子曰：'唐、虞禅，夏后、殷、周继，其义一也。'"

注释

①太丁：汤的太子，未得立而死。

②外丙：太丁的弟弟，下文仲壬也是太丁的弟弟。

③太甲：太丁之子。

⊙ 译文

万章问道："人们说：'到了大禹时期道德就衰落了，不把天子之位传给贤人而是传给了自己的儿子。'有这回事吗？"

孟子说："不是这样的。上天要传位给贤人，就传位给贤人；上天要传位给儿子，就传位给儿子。过去舜向上天推荐禹。十七年之后，舜去世了。过了三年丧期，禹到阳城以回避舜的儿子，可天下的老百姓跟随他，就像尧死后老百姓不跟从尧的儿子而跟从舜一样。禹向上天推荐益，过了七年，禹去世了。过了三年丧期，益到箕山的北面以回避禹的儿子。朝见和打官司的人不到益那里却到启那里，说：'他是我们君王的儿子啊。'唱歌的人也是歌颂启而不歌颂益，说：'他是我们国君的儿子呀。'尧的儿子丹朱不贤能，舜的儿子也不贤能；而舜辅佐尧、禹辅佐舜，经历的时间长，对老百姓施恩惠比较久。夏启贤能，能够继承禹的治国方法；而益辅佐禹的时间短，对老百姓施以恩惠的时间不长。舜、禹、益之间，相距已很久远。他们的儿子是贤明还是不贤明，这是上天决定的，不是人的力量所能为的，不是人的力量所能做到的却做到了，这是天意。非人为所及而做到了，这是命啊。一般的人想要得到天下，道德一定要像舜、禹，而且有天子替他们向上天推荐。孔子没有人把他向上天推荐，所以孔子没能统治天下。从前靠继承取得天下的人，上天要废弃他，一定是像桀、纣这样的人，所以益、伊尹、周公没能取得天下。伊尹辅佐商汤统一了天下。汤去世后，太子太丁没即位而死，太丁的弟弟外丙继位二年，仲壬即位四年。太甲改变了商汤的法律，伊尹把他流放到桐。在桐待了三年，太甲后悔了，自己埋怨自己，在桐逐渐向仁义方向转化。三年后能听伊尹训诫自己了，才又迁回亳地。周公之所以没统治天下，也就像益与夏、伊尹与商的关系。孔子说：'唐尧、虞舜是禅让，夏、商、周三代是父子相承，他们的本质是一样的。'"

原文

万章问曰:"或曰:'百里奚①自鬻于秦养牲者,五羊之皮。食牛,以要秦穆公。'信乎?"

孟子曰:"否,不然。好事者为之也。百里奚,虞人也。晋人以垂棘之璧与屈产之乘②假道于虞以伐虢。宫之奇谏,百里奚不谏,知虞公之不可谏而去。之秦,年已七十矣,曾不知以食牛干秦穆公之为污也,可谓智乎?不可谏而不谏,可谓不智乎?知虞公之将亡而先去之,不可谓不智也。时举于秦,知穆公之可与有行也而相之,可谓不智乎?相秦而显其君于天下,可传于后世,不贤而能之乎?自鬻以成其君,乡党自好者不为,而谓贤者为之乎?"

注释

①百里奚:春秋末期虞国人,后被当作奴隶卖到秦国,辅佐秦穆公成就霸业。

②垂棘之璧与屈产之乘:垂棘,地名。屈,地名。乘,四匹良马。

译文

万章问道:"有人说:'百里奚把自己卖到秦国养牲口的人家,价钱是五张羊皮。用喂牛的机会去求见秦穆公。'真有这事吗?"

孟子说:"不是这样的。这是喜欢造谣的人编造的。百里奚是虞国人。晋国用垂棘产的玉璧与屈地产的四匹良马,借道虞国去讨伐虢国。宫之奇劝谏,但百里奚没有劝谏,知道虞君不听劝干脆就离开了虞国。到了秦国,百里奚已经七十岁了,如果不知道靠喂牛去求见秦穆公是卑劣的事,能说是聪明吗?不能劝谏就不劝谏,能说不聪明吗?知道虞国将要灭亡而提早离开,不能说是不聪明。在秦国被人举荐,知道穆公可以有大的作为就辅佐他,能说不聪明吗?在秦国做国相能让君王显名声

于天下，并流传到后世，不贤能的人能做到吗？把自己卖掉去成就他的
君主，就是乡下普通洁身自好的人也不干，你说贤者能去干吗？"

万 章 下

原文

孟子曰："伯夷目不视恶色，耳不听恶声；非其君不事，非其民不
使；治则进，乱则退。横政之所出，横民之所止，不忍居也。思与乡人
处，如以朝衣朝冠坐于涂炭也。当纣之时，居北海之滨，以待天下之清
也。故闻伯夷之风者，顽夫廉，懦夫有立志。"

"伊尹曰：'何事非君？何使非民？'治亦进，乱亦进，曰：'天之生
斯民也，使先知觉后知，使先觉觉后觉。予，天民之先觉者也，予将以
此道觉此民也。'思天下之民，匹夫匹妇有不与被尧、舜之泽者，若己推
而内之沟中，其自任以天下之重也。柳下惠不羞污君，不辞小官；进不
隐贤，必以其道，遗佚而不怨，厄穷而不悯。与乡人处，由由然不忍去
也，'尔为尔，我为我，虽袒裼裸裎于我侧，尔焉能浼我哉？'故闻柳下
惠之风者，鄙夫宽，薄夫敦。孔子之去齐，接淅而行。去鲁，曰：'迟迟
吾行也，去父母国之道也。'可以速而速，可以久而久，可以处而处，可
以仕而仕，孔子也。"

孟子曰："伯夷，圣之清者也。伊尹，圣之任者也。柳下惠，圣之和
者也。孔子，圣之时者也。孔子之谓集大成。集大成也者，金声而玉振
之也。金声也者，始条理也。玉振之也者，终条理也。始条理者，智之
事也。终条理者，圣之事也。智，譬则巧也。圣，譬则力也。由射于百
步之外也，其至，尔力也；其中，非尔力也。"

译文

孟子说："伯夷这个人，眼睛不看不好的色彩，耳朵不听不好的音乐；不合道义的君主他不侍奉，不合道义的老百姓他不治理；天下太平就进取，天下混乱就隐居。在那些政治横暴的国家，在那些人们凶恶的地方，他都居住不下去。觉得与道德水平普通的人交往，就像穿着上朝的衣服坐在泥巴炭灰上。纣当权的时候，伯夷隐居在北海边，等待政治的清明。听到过伯夷风采的，贪夫也会变得廉洁，胆小的人也能立志从善。"

"伊尹说：'为何侍奉不理想的君主呢？为何役使不信任的民众呢？'天下太平要做官，天下混乱也要做官，说'上天有了老百姓，让其中先明白道理的教导后明白道理的，让先觉悟的人启发后觉悟的人。我是人群中先明白道理的一类人，我要用圣贤之道教育老百姓。'他认为天下最普通的老百姓中那些没得到尧、舜之君的恩惠的，好像是自己把他们推进水沟中一样，他自觉地挑起天下的重担。柳下惠不认为侍奉不好的君主是耻辱，他不推辞做小官；做官时推荐贤人，处理政事按照道义准则，没官做了也不埋怨，处于穷困之中也不忧愁。与一般民众交往，有点恋恋不舍，他说：'你是你，我是我，你即使光着身子在我身边，又怎能污染到我呢？'所以看到柳下惠风采的人，气量小的人也变得宽容，刻薄的人也变得厚道。孔子离开齐国时，淘的米还没滤干就走了，非常匆忙。离开鲁国时说：'要慢慢走啊，离开祖国应该如此。'能够快走就快走，能够久留就久留，能够住下就住下，能够出仕就出仕，这就是孔子。"

孟子说："伯夷，是圣人中的清高者。伊尹，是圣人中有责任感的人。柳下惠，是圣人中的随和者。孔子，是圣人中能够随情况变化而变化的人。孔子可说集中了前代圣人的优点。所谓集中了前代圣人的优点，也就像演奏音乐是由敲击钟开头，最后击磬结束一样。开始敲击钟，是起个好头。后来击玉磬，是结好尾。开好头，是靠聪明起作用。结好尾，就要靠力量起作用了。聪明就像技巧。圣贤像是力量。这就像从百步之外射箭，能射到，这是你的力量大；要是射中了，就不是单靠力量了。"

原文

万章问曰："敢问友。"

孟子曰："不挟长，不挟贵，不挟兄弟而友。友也者，友其德也，不可以有挟也。孟献子^①，百乘之家也，有友五人焉：乐正裘、牧仲，其三人则予忘之矣。献子之与此五人者友也，无献子之家者也。此五人者，亦有献子之家，则不与之友矣。非惟百乘之家为然也，虽小国之君亦有之。费惠公^②曰：'吾于子思，则师之矣，吾于颜般，则友之矣。王顺、长息，则事我者也。'非惟小国之君为然也，虽大国之君亦有之。晋平公之于亥唐也，入云则入^③，坐云则坐，食云则食。虽蔬食菜羹，未尝不饱，盖不敢不饱也。然终于此而已矣。弗与共天位也，弗与治天职也，弗与食天禄也，士之尊贤者也，非王公之尊贤也。舜尚见帝，帝馆甥于贰室，亦飨舜，迭为宾主，是天子而友匹夫也。用下敬上，谓之贵贵。用上敬下，谓之尊贤。贵贵、尊贤，其义一也。"

注释

①孟献子：鲁国大夫仲孙蔑。
②费惠公：费国国君。
③入云则入：（亥唐）说进来，晋平公才敢进来。

译文

万章问道："请问交朋友的原则是什么？"

孟子说："不倚仗自己年长，不倚仗自己尊贵，不倚仗自己兄弟富贵与人交朋友。交朋友要看他的道德，不能有所倚仗。孟献子是有四百匹马的世家，他有五位朋友：乐正裘、牧仲，另外三人我已经忘记了。孟献子与五人做朋友的时候，忘了自己的地位。这五人也是如此，如果献子以自己的地位与他们交往，他们就不愿与献子做朋友了。不单是富贵的大夫之家这样，小国的国君也有这样的。费惠公说：'我对于子思，是把他当成老师；我对颜般，是当朋友对待。王顺、长息两个人则是侍奉我的臣下。'不单是小国的君主这样，即使是大国的君主也有这样的。晋平公对于亥唐就是这样，亥唐说进来，晋平公才敢进去；亥唐说坐下，他才坐下；亥唐说吃饭吧，晋平公才吃饭。即使吃的是粗粮青菜，晋平公也要吃饱，他不敢不吃饱。但也就仅此而已。晋平公并不与亥唐共居高位，也不共同处理政事，共同分享爵禄，这是士要尊重贤人的方法，而不是王公贵人尊重贤人的方法。舜去拜见尧，尧把女婿安排在别宫居住，也招待舜，两人交替做宾主，这是天子跟普通人的交往。地位低的尊重地位高的，叫作尊重贵人。地位高的尊重地位低的，叫作尊重贤人。尊重贵人与尊敬贤人，本质上是一样的。"

◎◎— 原文

孟子曰："仕非为贫也，而有时乎为贫。娶妻非为养也，而有时乎为养。为贫者，辞尊居卑，辞富居贫。辞尊居卑，辞富居贫，恶乎宜乎？抱关击柝。孔子尝为委吏矣，曰：'会计当而已矣。'尝为乘田矣，曰：'牛羊茁壮长而已矣。'位卑而言高，罪也。立乎人之本朝而道不行，耻也。"

◎◎— 译文

孟子说："做官的目的本来不是为摆脱贫困，但偶尔也有因贫困而做官的。娶妻的目的不是为让妻子从事生产，但也有时为了生产。因为贫穷才做官，就要辞掉高贵的职位而任卑贱的职位，辞去待遇优厚的职位而任待遇菲薄的职位。辞去尊贵的职位而任低下的职位，辞去待遇优厚的职位而任待遇菲薄的职位，什么职位最合适呢？那就是守关打更。孔子曾经做管理仓库的小官，他说：'把账算好就行了。'他曾做管理放牧的官，说：'牛羊能茁壮成长就行了。'职位低而说些与地位不相称的话，是罪过。在别人朝廷里做高官而主张却没法推行，是一种耻辱。"

原文

万章曰："敢问不见诸侯，何义也？"

孟子曰："在国曰市井之臣，在野曰草莽之臣，皆谓庶人。庶人不传质①为臣，不敢见于诸侯，礼也。"

万章曰："庶人，召之役，则往役；君欲见之，召之，则不往见之，何也？"

曰："往役，义也。往见，不义也。且君之欲见之也，何为也哉？"

曰："为其多闻也，为其贤也。"

曰："为其多闻也，则天子不召师，而况诸侯乎？为其贤也，则吾未闻欲见贤而召之也。缪公亟见于子思，曰：'古千乘之国以友士，何如？'子思不悦，曰：'古之人有言曰：'事之云乎？'岂曰：'友之云乎？'子思之不悦也，岂不曰：'以位，则子君也，我臣也，何敢与君友也？以德，则子事我者也，奚可以与我友？'千乘之君，求与之友而不可得也，而况可召与？齐景公田，招虞人以旌，不至，将杀之。'志士不忘在沟壑，勇士不忘丧其元。'孔子奚取焉？取非其招不往也。"

曰："敢问招虞人何以？"

曰："以皮冠。庶人以旃②，士以旂③，大夫以旌。以大夫之招招虞人，虞人死不敢往。以士之招招庶人，庶人岂敢往哉？况乎以不贤人之招招贤人乎？欲见贤人而不以其道，犹欲其入而闭之门也。夫义，路也；礼，门也。惟君子能由是路，出入是门也。《诗》云：'周道如底，其直如矢。君子所履，小人所视。'④"

万章曰："孔子'君命召不俟驾而行'，然则孔子非与？"

曰："孔子当仕有官职，而以其官召之也。"

注释

①传质：见面时互赠礼物。质，通"贽"。

②旃：旗帜弯曲的把柄，指锦旗。

③旂：有两龙交叉图案的旗。

④底，通"砥"，磨刀石，有平坦之意。

🌀 译文

万章说："请问士子不去见诸侯，是什么原因呢？"

孟子说："住在城市的叫作市井臣民，住在乡下的叫作草野臣民，都是老百姓。对于老百姓来说，如果没有向诸侯送上拜见的礼物，成为他的臣属，就不应该贸然去拜见诸侯，这是礼的规定。"

万章说："作为老百姓，要他去服役，他就去服役；君王想见他，要他来相见，却不来，这是为什么呢？"

孟子说："去服役，是应该的。去见，是不应该的。君王想见他，是因为什么呢？"

万章说："因为他博学多闻，因他是贤人。"

孟子说："如果因为他博学多闻想见他，就等于承认他可以做你的老师，可天子都不召见自己的老师，更何况诸侯呢？如果因为他是贤人，我还没有听说想见贤人而召他来见的。鲁缪公多次见子思，说：'我用古代千乘之国与士人交友的方式与您相处，怎么样呢？'子思不高兴，说：'古代人这样说，是侍奉士人，难道是说与士人做朋友吗？'子思不高兴，他内心能不这样想：'按地位，你是君，我是臣，怎能和你做朋友？按道德水平，我只能侍奉你，怎么能和我做朋友？'千乘之国的君主，想跟他做朋友都不可能，更何况要召见他呢？齐景公去打猎，用旌旗召唤虞人前来，虞人没有来，齐景公要处死他们。孔子说：'有志于仁义的人不怕因正义而死无葬身之地，勇敢的人也不怕被杀头。'孔子称赞虞人什么呢？是称赞他们不按礼节召见就不前往的行为。"

万章说："请问召唤虞人前来用什么礼仪呢？"

孟子说："用皮帽子。召唤老百姓前来用锦旗，召唤士人前来用织着两条相交的龙的旗，召唤大夫前来要用旗杆带羽毛的旗。用召唤大夫的办法召唤虞人，虞人死也不敢去。用召唤士人的办法召唤老百姓，老百姓怎敢去呢？更何况用召唤不贤的人的办法去召唤贤人呢？想见贤人却不用召唤贤人的办法，就像想让他进来却又紧闭大门一样。义，是人们行走的道路；礼，是登堂入室的大门。只有君子才能经由义这条路，出入礼这扇门。《诗经》上说：'周朝的大路平坦得像磨刀石，直得像箭杆。君子在这条路上走，百姓都来效仿。'"

万章问："听说孔子是'国君召见他，他不等驾好车就出发'，孔子错了吗？"

孟子说："孔子官职在身，国君用召唤官员的办法召他，他只能立即前往。"

原文

孟子谓万章曰："一乡之善士，斯友一乡之善士。一国之善士，斯友一国之善士。天下之善士，斯友天下之善士。以友天下之善士为未足，又尚论古之人。颂其诗，读其书，不知其人可乎？是以论其世也。是尚友也。"

译文

孟子对万章说："乡里的善士，与乡里的善士交朋友。在一个国家能称善的士人，与他水平相当的人交朋友。在全天下都被称赞的士人，与跟他水平相当的人交朋友。在全天下都被称善的士人，与跟他水平相当的人交朋友还嫌不够，又从古人那里寻找朋友。诵他的诗，读他的书，不了解他的为人怎么行呢？所以还要了解他的身世行为。这就是与古人交朋友。"

告 子 上

告子^①曰："性，犹杞柳^②也；义，犹桮棬^③也。以人性为仁义，犹以杞柳为桮棬。"

孟子曰："子能顺杞柳之性而以为桮棬乎？将戕贼杞柳而后以为桮棬也？如将戕贼杞柳而以为桮棬，则亦将戕贼人以为仁义与？率天下之人而祸仁义者，必子之言夫！"

注释

①告子：告，姓。子，对男性的尊称。告子，孟子的学生。
②杞柳：一种灌木。
③桮棬：盛汤、酒等的器具。桮，通"杯"。

译文

告子说："人性，好像是杞柳；仁义，好比是杯盘。让人性具有仁义（的品质），就好像是用杞柳做成杯盘。"

孟子说："你是顺着杞柳的本性来做成杯盘呢，还是逆它的本性来制造杯盘呢？如果说要逆杞柳的本性来制作杯盘的话，那么你也会逆人的本性来使它具有仁义吗？带领天下的人来祸害仁义的，一定就是你的这种理论了！"

原文

告子曰："性，犹湍水也，决诸东方则东流，决诸西方则西流。人性之无分于善不善也，犹水之无分于东西也。"

孟子曰："水信无分于东西，无分于上下乎？人性之善也，犹水之就下也；人无有不善，水无有不下。今夫水，搏而跃之，可使过颡；激而行之，可使在山。是岂水之性哉？其势则然也。人之可使为不善，其性亦犹是也。"

译文

告子说："人性就好比是急流的水，在东边冲开缺口就向东流，在西边冲开缺口就向西流。人性没有善与不善之分，就好比水流本来没有向东流向西流的区别一样。"

孟子说："水确实本来没有向东流向西流之分，但是没有向上流向下流之分吗？人的本性是善良的，就好比水总是向下流一般；人的本性没有不善良的，就像水的本性没有不向下流的。假如水被拍打而溅起，可以使它高过额头；堵塞水道让它倒行，可以让它流上山岗。这难道是水的本性吗？不过是外在的形势导致它这样。人之所以可以令他干出不善的事，是因为他的本性受到外部情势作用而变化了。"

原文

告子曰："生之谓性。"

孟子曰："生之谓性也，犹白之谓白与？"

曰："然。"

"白羽之白也，犹白雪之白；白雪之白，犹白玉之白与？"

曰："然。"

"然则犬之性犹牛之性，牛之性犹人之性与？"

译文

告子说:"天生的本来状态叫作本性。"

孟子说:"天生的本来状态叫作性,就好比白色的物品叫作白吗?"

告子说:"是的。"

孟子说:"白羽毛的白,就像白雪的白;白雪的白,就像白玉的白吗?"

告子说:"是的。"

孟子说:"那么狗的本性和牛的本性一样,牛的本性与人的本性一样吗?"

原文

告子曰:"食色,性也。仁,内也,非外也;义,外也,非内也。"

孟子曰:"何以谓仁内义外也?"

曰:"彼长而我长之,非有长于我也,犹彼白而我白之,从其白于外也,故谓之外也。"

曰:"异于①白马之白也,无以异于白人之白也;不识长马之长也,无以异于长人之长也?且谓长者义乎?长之者义乎②?"

曰:"吾弟则爱之,秦人之弟则不爱也,是以我为悦者也,故谓之内;长楚人之长,亦长吾之长,是以长为悦者也,故谓之外也。"

曰:"耆③秦人之炙,无以异于耆吾炙,夫物则亦有然者也,然则耆炙亦有外与?"

注释

①异于:当属衍文。

②长者义乎?长之者义乎:尊敬之心在年长的人,还是在于尊敬他的人。

③耆：通"嗜"，喜欢。

译文

告子说："饮食、男女关系，是人的本性。仁是内在的，不是外在的；义是外在的，不是内在的。"

孟子说："为什么说仁是内在的，义是外在的呢？"

告子说："他人年长所以我才尊敬他，不是因为我心中有尊敬之情，就好比白色的物品我认为它白，是根据它外面的白色，所以说义是外在的。"

孟子说："白马的白色，与白人的白色没有不同；不懂爱惜老马，与不懂敬重长者没有什么不同吗？而且你说尊敬之心在于长者呢，还是在于尊敬他的人呢？"

告子说："我的弟弟我就喜欢，秦人的弟弟我就不喜欢，因为我的内心有我是否喜欢的标准，所以仁是内在的；尊敬楚国人的长者，也尊敬我的长者，因为年纪大是尊敬的标准，所以说义是外在的。"

孟子说："喜欢秦国的烤肉，与喜欢自己国家的烤肉没有不同，事物都有类似的情形，难道说喜欢烤肉的心理也是外在的吗？"

原文

孟季子①问公都子曰："何以谓义内也？"

曰："行吾敬，故谓之内也。"

"乡人长于伯兄一岁，则谁敬？"

曰："敬兄。"

"酌②则谁先？"

曰："先酌乡人。"

"所敬在此，所长在彼，果在外，非由内也。"

公都子不能答，以告孟子。

孟子曰："'敬叔父乎？敬弟乎？'彼将曰：'敬叔父。'曰：'弟为尸③，则谁敬?'彼将曰：'敬弟。'子曰：'恶在其敬叔父也?'彼将曰：
'在位故也。'子亦曰："在位④故也。庸敬⑤在兄，斯须之敬在乡人。"

季子闻之，曰："敬叔父则敬，敬弟则敬，果在外，非由内也。"

公都子曰："冬日则饮汤⑥，夏日则饮水，然则饮食亦在外也?"

注释

①孟季子：孟子的小弟弟。一说原文中本无"孟"，季子，即《告子下》之季任。

②酌：给他人倒酒。

③尸：古代祭祀不用牌位或画像，而用年幼的儿童代表享祭者受祭，代表享祭者称为"尸"。

④在位：代表享祭者。

⑤庸敬：经常地敬。

⑥汤：热水。

译文

孟季子问公都子说："为什么说义是内在的呢?"

公都子说："表达心中的敬意，所以说是内在的。"

孟季子问："有一个乡里的人比你的兄长大一岁，你尊敬谁?"

公都子说："尊敬兄长。"

孟季子问："倒酒时先给谁倒呢?"

公都子说："先给乡里人倒。"

孟季子问："你所尊敬的是兄长，外表却是对乡里人很尊敬，义果然是外在的，而不是产生于内在的。"

公都子不能应答，把这件事告诉了孟子。

孟子说：" '应该尊敬叔父呢，还是尊敬弟弟呢?'他会说：'尊敬叔父。'你说：'弟弟是享祭者，那么该尊敬谁呢?'他会回答：'尊敬弟弟。'你问：'那么尊敬叔父的道理又在哪里呢?'他会说：'这是因为弟弟是享祭者的缘故。'你也说：'因为乡里人处在客人地位的缘故。尊敬兄长是长久的，对乡里人只是一时的敬意。'"

季子听说了这些话，说："尊敬叔父是在一种外在条件下，尊敬弟弟是在另一种外在条件下，义的确是由外在决定的，而不是从内心发出的。"

公都子曰："冬天喝热水，夏天喝凉水，那么饮食也是由外在的天气决定的吗?"

原文

公都子曰："告子曰：'性无善无不善也。'或曰：'性可以为善，可以为不善，是故文武①兴，则民好善；幽厉②兴，则民好暴。'或曰：'有性善，有性不善，是故以尧为君而有象，以瞽瞍为父而有舜，以纣为兄之子，且以为君，而有微子启、王子比干。'今曰：'性善'，然则彼皆非与?"

孟子曰："乃若③其情④，则可以为善矣，乃所谓善也。若夫为不善，非才⑤罪也。恻隐之心，人皆有之；羞恶之心，人皆有之；恭敬之心，人皆有之；是非之心，人皆有之。恻隐之心，仁也；羞恶之心，义也；恭敬之心，礼也；是非之心，智也。仁义礼智，非由外铄⑥我也，我固有之也，弗思耳矣。故曰：'求则得之，舍则失之。'或相倍蓰⑦而无算者，不能尽其才者也。《诗》曰：'天生蒸民，有物有则。民之秉彝，好是懿德。'孔子曰：'为此诗者，其知道乎! 故有物必有则，民之秉彝也，故好是懿德。'"

注释

①文武：指周文王、周武王。
②幽厉：指周幽王、周厉王。
③乃若：转折词，至于。
④情：天生的素质。

⑤才：通"情"。

⑥铄：授予。

⑦倍蓰：倍，两倍。蓰，五倍。

译文

公都子说："告子讲：'人的本性没有善与不善。'有人说：'本性可以是善，可以是不善，因此周文王、周武王统治的时候，人民都趋向于善；周幽王、周厉王统治的时候，人民都趋向于残暴。'有人说：'有的人本性善良，有的人本性不善良，因此当尧做君王时有象这样的坏人，瞽瞍这样的人做父亲却有舜这样贤能的人，纣王这样的人作侄子，而且当上君主，却也有微子启、王子比干作为他的叔父，成为仁德的典范。'如今说人性本善，那么他们说的都不对吗？"

孟子说："至于人天生的素养，是能够做善举的，这便是我所说的人性本善了。假如做了不善之举，不是天性的过错。同情之心，人人都有；羞耻之心，人人都有；恭敬之心，人人都有；是非之心，人人都有。同情之心来自仁，羞耻之心来自义，恭敬之心来自礼，是非之心来自智。仁义礼智的美德，不是由外面授予我的，是我本来就有的，只是没有领悟到而已。所以说：'探求就可以获得人性的善，舍弃就会失去。'有的人有两倍、五倍甚至无数倍的差距，他们就是没能发展本性中美德的人。《诗经》中说：'上天生育万民，事物都有法则。人民掌握法则，崇尚美好品德。'孔子说：'作这首诗的人，大概是晓得真理的啊！世上有万物就一定有法则，人民能把握法则，所以崇尚美好的品德。'"

原文

孟子曰："富岁，子弟多赖；凶岁，子弟多暴，非天之降才尔殊也，其所以陷溺其心者然也。今夫麰麦①，播种而耰②之，其地同，树之时又同，浡然而生，至于日至③时，皆孰矣。虽有不同，则地有肥硗④、雨露之养、人事之不齐也。故凡同类者，举相似也，何独至于人而疑之？圣人，与我同类者，故龙子曰：'不知足而为屦，我知其不为蒉⑤也。'屦之相似，天下之足同也。口之于味，有同耆也，易牙⑥先得我口之所耆者也。如使口之于味也，其性与人殊，若犬马之与我不同类也，则天下何耆皆从易牙之于味也？至于味，天下期于易牙，是天下之口相似也。惟耳亦然，至于声，天下期于师旷，是天下之耳相似也。惟目亦然，至于子都⑦，天下莫不知其姣也，不知子都之姣者，无目者也。故曰：口之于味也，有同耆焉；耳之于声也，有同听焉；目之于色也，有同美焉。至于心，独无所同然乎？心之所同然者何也？谓理也，义也。圣人先得我心之所同然耳。故理义之悦我心，犹刍豢之悦我口。"

注释

①牟麦：大麦。
②耰：把土地整平。
③日至：夏至。
④硗：瘠薄。
⑤蒉：草筐。
⑥易牙：齐桓公时一位善烹调的人。
⑦子都：郑昭公时的美男子。

译文

　　孟子说："丰收的年景里，少年子弟大多懒惰；灾荒的年岁时，少年子弟大多凶暴，不是上天赋予他们的资质不同，而是由于外在环境使他们内心的美德陷落而造成的。以大麦来说，播下种子，把土地整平，用土把种子覆盖好，如果在相同的土地上播种，种的时节又相同，（它们）旺盛地生长，到了夏至时候，都成熟了。即使有不同，是因为土地有肥沃与贫瘠之分、雨露有多少之分和人下的功夫不同的缘故。所以但凡同类的东西，都是相类似的，为什么单单对人却要怀疑呢？圣人与我们同类，所以龙子说：'不知道脚的大小就去编草鞋，但我确信不会编成草筐。'草鞋的形状相似，因为人的脚相似。口对于味道，有相同的喜好，易牙就是事先了解我们口味喜好的人。假使人们的口味生来就与众不同，像狗和马与我们不同一样，那么天下人为什么喜欢易牙烹调出来的味道呢？讲到口味，天下人都期待尝到易牙做的菜，可见天下人的口味是相似的。耳朵也是如此，讲到声音，天下人都期待听到师旷的乐曲，可见天下人的听力是相似的。眼睛也是如此，讲到子都，天下没有人不知道他长得好看的，不知道他美貌的人，是没长眼睛的人。所以说，口对味道有相同的喜好，耳对声音有相同的听觉，眼对于容颜有共同的审美标准。说到内心，唯独没有相同的地方吗？内心里相同的是什么东西呢？我说是理、义。只不过圣人先得到了我们内心所相同的东西罢了。所以说理、义为我们的内心所喜好，就像肉类对我们的口味一样。"

原文

孟子曰："牛山①之木尝美矣，以其郊于大国②也，斧斤伐之，可以为美乎？是其日夜之所息③，雨露之所润，非无萌蘖④之生焉，牛羊又从而牧之，是以若彼濯濯也。人见其濯濯也，以为未尝有材焉，此岂山之性也哉？虽存乎人者，岂无仁义之心哉？其所以放其良心者，亦犹斧斤之于木也，旦旦而伐之，可以为美乎？其日夜之所息，平旦之气，其好恶与人相近也者几希。则其旦昼之所为，有梏亡之矣。梏之反复，则其夜气不足以存；夜气不足以存，则其违禽兽不远矣。人见其禽兽也，而以为未尝有才焉者，是岂人之情也哉？故苟得其养，无物不长；苟失其养，无物不消。孔子曰：'操则存，舍则亡；出入无时，莫知其乡。'惟心之谓与？"

注释

①牛山：山名，在齐国国都临淄东南。

②国：国都。

③息：生长。

④萌蘖：萌芽。

译文

孟子说："牛山上的树木曾经长得葱郁旺盛，因为它在大国国都的郊区，常被人们用刀斧砍伐，哪能保持茂盛呢？虽然它日夜生长，受雨露滋润，也并非没有新枝叶生长出来，但人们又驱赶牛羊在山上放牧，因此它像现在这样光秃秃。人们看见它光秃秃的样子，就认为从来没有好的木材生长在山上，这难道是牛山的本性吗？类比在人身上，难道人没有仁义之心吗？他之所以会失掉善良本心，就像刀斧砍伐树木，天天砍伐它，树木还能够葱郁茂盛吗？尽管他日夜培养善心，接触清晨的清明之气，促成了他与别人有一些相近的好恶之心。然而第二天的所作所为，又将那点清明之气破坏了。反复地破坏，清明之气就不足以存留内心；内心没有存留清明之气，那么他离禽兽就不远了。人们看见他与禽兽无异，就以为他从来没有过好的天性，这难道是人的本性吗？因此，如果得到应有的养分，没有东西不会生长；如果失去了应有的养分，也没有东西不会消亡。孔子说：'把握住就存在，舍弃它就消失，进出没有定时，不知它的去向。'这所说的就是人心吧？"

原文

孟子曰："无或乎王之不智也。虽有天下易生之物也，一日暴之，十日寒之，未有能生者也。吾见亦罕矣，吾退而寒之者至矣，吾如有萌焉何哉？今夫弈之为数，小数也；不专心致志，则不得也。弈秋，通国之善弈者也。使弈秋诲二人弈，其一人专心致志，惟弈秋之为听；一人虽听之，一心以为有鸿鹄将至，思援弓缴而射之。虽与之俱学，弗若之矣。为是其智弗若与？曰：非然也。"

译文

孟子说："不要对大王的不明智感到奇怪。即使有天下容易生长的植物，暴晒它一天，再冷冻它十天，也没有能够活下来的。我见大王次数很少，我退下后那些泼凉水的人又来了，齐王即使产生了一点仁政的念头，我又能做什么呢？比如下棋这种技术，是小技术；不专心致志的话，就学不到。弈秋，是全国下棋的高手。让弈秋教两个人下棋，其中一个人专心致志，只听弈秋的话；另一个虽然在听，却一心想着有天鹅飞来，想拿起弓箭去射它。虽然他与别人一起学习，但成绩却比不上别人。是因他的智力不够吗？我说不是这样的。"

原文

孟子曰："鱼，我所欲也；熊掌，亦我所欲也，二者不可得兼，舍鱼而取熊掌者也。生，亦我所欲也；义亦我所欲也，二者不可得兼，舍生而取义者也。生亦我所欲，所欲有甚于生者，故不为苟得也；死亦我所恶，所恶有甚于死者，故患有所不辟也。如使人之所欲莫甚于生，则凡可以得生者，何不用也？使人之所恶莫甚于死者，则凡可以辟患者，何不为也？由是则生而有不用也，由是则可以辟患而有不为也，是故所欲有甚于生者，所恶有甚于死者。非独贤者有是心也，人皆有之，贤者能勿丧耳。一箪食，一豆羹，得之则生，弗得则死，呼尔而与之，行道之人弗受；蹴尔而与之，乞人不屑也。万钟则不辩礼义而受之，万钟于我何加焉？为宫室之美、妻妾之奉、所识穷乏者得我与？乡为身死而不受，今为宫室之美为之；乡为身死而不受，今为妻妾之奉为之；乡为身死而不受，今为所识穷乏者得我而为之，是亦不可以已乎？此之谓失其本心。"

译文

孟子说："鱼，是我想要的；熊掌，也是我想要的，两者不能同时得到，我宁愿舍弃鱼而选择熊掌。生，是我想要的；义，也是我想要的，两者不能同时得到，我宁愿舍弃生命而选择大义。生存也是我所希望的，但我所珍爱的东西超过生命，所以我不苟且偷生；死亡也是我所厌恶的，但我所厌恶的东西超过了死亡，所以有的祸患宁愿死也不逃避。假如人们所希望的东西没有超过生命贵重的，那么凡是可以保存生命的方法，有什么不可的呢？假如人们所厌恶的东西没有比死亡更严重的，那么凡是可以避开灾祸的方法，有什么不可的呢？以此看来，可以保全生命的方法却没有使用，可以避开灾祸却没有去做，是因为所珍爱的东西超过了生命，所厌恶的东西超过了死亡。不是只有贤者有这样的心志，人人都有，只是贤者能够不丧失这种心态罢了。一碗饭，一碗汤，得到它就可以活下去，得不到就会死去，但呵斥着给别人，路上的行人不会接受；用脚去踢给别人，乞丐都不屑要。万钟粟米如果不分清礼义地接受了，万钟粟米对我有什么益处呢？是为了豪华的住宅、妻妾的供养、相识的贫苦者受我的恩泽吗？以前宁愿失去生命都不接受的，如今为了豪华的住宅接受；以前宁愿失去生命都不接受的，如今为了妻妾的供养就接受了；以前宁愿失去生命都不接受的，如今为了使相识的贫苦者受我的恩泽就去接受了，这些事难道不可以停止吗？这就叫作迷失了本性。"

原文

孟子曰："仁，人心也；义，人路也。舍其路而弗由，放其心而不知求，哀哉！人有鸡犬放，则知求之，有放心而不知求。学问之道无他，求其放心而已矣。"

译文

孟子说："仁，是人根本的良心；义，是人生平的大路。舍弃大路而不走，丧失了良心而不知道找回来，可悲啊！人丢失了鸡狗，就知道找回来，丧失了良心却不懂得要找回来。做学问的道理没有其他，是寻找失去的良心罢了。"

原文

孟子曰："今有无名之指，屈而不信，非疾痛害事也。如有能信之者，则不远秦、楚之路，为指之不若人也。指不若人，则知恶之；心不若人，则不知恶，此之谓不知类也。"

译文

孟子说："有一个人，他的无名指弯曲而不能伸直，但是并不疼痛，也不妨碍做什么事情。如果有人能替他伸直，哪怕到秦国、楚国去治疗，也不觉得路途遥远，就是因为自己的指头比不上别人。指头不如人，心中不舒服；自己的心性不如别人，内心却不觉得羞耻，这就叫作不知轻重，舍本逐末。"

原文

孟子曰："人之于身也，兼所爱。兼所爱，则兼所养也。无尺寸之肤不爱焉，则无尺寸之肤不养也。所以考其善不善者，岂有他哉？于己取之而已矣。体有贵贱，有小大。无以小害大，无以贱害贵。养其小者为小人，养其大者为大人。今有场师①，舍其梧、槚②，养其樲棘③，则为贱场师焉。养其一指，而失其肩背而不知也，则为狼疾人④也。饮食之人⑤，则人贱之矣，为其养小以失大也。饮食之人无有失也，则口腹岂适为尺寸之肤哉？"

注释

①场师：园丁。
②梧、槚：梧，梧桐。槚，楸树。两种树都是美树。
③樲棘：小枣树。

④狼疾人：因小失大的人。狼疾，狼藉。

⑤饮食之人：只知满足口腹欲望的人。

译文

孟子说："人对于自己的身体，没有哪一个部位不爱护的。因为爱护所有的部位，所以所有的部位都能得到供养。没有一尺一寸的皮肤不受到爱护，所以也没有一尺一寸的皮肤不受到保养。看他保养得好不好，难道还有别的标准吗？关键是看他重点保养的是哪个部位。人的身体中的部位有重要次要之分、大小之分。不要因为小的部分去妨碍大的部分，不要因为次要的部分去妨碍重要的部分。只知保养身体中不重要部位的人就是小人，保养身体中重要部位的就是大人。有一个园丁，不种梧桐、楸树，却保留小枣树，这肯定是一位糟糕的园丁。保养了自己的一根指头，却失去了肩背还不知道，这肯定是个因小失大的糊涂人。只知吃喝的人，人们都看不起他，因为他只满足自己的口腹之欲而忘了更重要的事情。如果说他没失去什么的话，口腹的满足难道仅仅是为养护那一尺一寸的肌肤吗？"

原文

公都子问曰："钧是人也，或为大人，或为小人，何也？"

孟子曰："从其大体为大人，从其小体为小人。"

曰："钧是人也，或从其大体，或从其小体，何也？"

曰："耳目之官不思，而蔽于物。物交物，则引之而已矣。心之官则思，思则得之，不思则不得也。此天之所与我者，先立乎其大者，则其小者弗能夺也。此为大人而已矣。"

译文

公都子问道："同样是人，有的成了高尚的人，有的却成了小人，这是为什么呢?"

孟子说:"注意满足人的心志需求,就是人格高尚的人,只满足人的生理需求的,就是小人。"

公都子问:"同样是人,有人注意满足心志的需求,有人却仅满足生理的需求,这是为什么呢?"

孟子说:"人的感觉器官,若不用心思考就会被外物所蒙蔽。外物蒙蔽了感觉器官,就会引导感觉器官放纵自己。心的官能是思考,用心思考就能得到人的善性,不思考就不能得到。这是上天赋予我的善行,先在人的善性上有所建树,生理的欲求就无法占据它的位子。这样就成了人格高尚的人。"

原文

孟子曰:"有天爵者,有人爵者。仁义忠信,乐善不倦,此天爵也。公卿大夫,此人爵也。古之人修其天爵,而人爵从之。今之人修其天爵,以要人爵,既得人爵,而弃其天爵,则惑之甚者也,终亦必亡而已矣。"

译文

孟子说:"有上天的爵位,有人间的爵位。仁义忠信,好善而不疲倦,这是上天赐给人的爵位。公卿大夫,这是国君所定的爵位。古代的人加强道德的修养,职位自然随之而来。今天的人加强道德修养,就是为了求得职位,一旦求得职位,也就把道德修养扔掉了,这是糊涂透顶的人,这样最终连得到的职位也会失去的。"

原文

孟子曰:"欲贵者,人之同心也。人人有贵于己者,弗思耳。人之所贵者,非良贵也。赵孟①之所贵,赵孟能贱之。《诗》云:'既醉以酒,既饱以德。'言饱乎仁义也,所以不愿人之膏粱之味也。令闻广誉施于身，所以不愿人之文绣也。"

注释

①赵孟：晋国执政大臣。

译文

孟子说："想尊贵是每个人都有的想法。但是每个人都有比自己的社会地位更尊贵的东西，只是人们不去思考罢了。人们平常所看重的东西，并不是真正值得看重的。赵孟能让一个人尊贵，赵孟也能让这个人卑贱。《诗经》上说：'酒已经醉了，德已经饱了。'这是说仁义道德很充实，就不羡慕别人的美味佳肴了。有好的名声在我身上，就不羡慕别人穿着华丽的服装了。"

原文

孟子曰："仁之胜不仁也，犹水之胜火。今之为仁者，犹以一杯水救一车薪之火也，不熄，则谓之水不胜火，此又与于不仁之甚者①也，亦终必亡而已矣！"

注释

①与于不仁之甚者：帮助不仁的人很卖力。

译文

孟子说："仁能战胜不仁，就像水能灭火一样。现在做出仁义之事的人，就像用一杯水去救一车着火的柴火，没能把火灭掉，就说水不能救火，这又等于卖力地帮助不仁之徒，结果连他们原本奉行的一点点仁德也必然会最终失去。"

原文

孟子曰:"羿之教人射,必志于彀,学者亦必志于彀;大匠诲人,必以规矩,学者亦必以规矩。"

译文

孟子说:"后羿教人射箭,一定要把弓拉满,跟他学习的人也一定要把目标定在把弓拉满上;高明的工匠教人,必定依照一定的规矩,学习技艺的人也必定要学习规矩。"

告 子 下

原文

任人①有问屋庐子②曰:"礼与食孰重?"

曰:"礼重。"

"色与礼孰重?"

曰:"礼重。"

曰:"以礼食,则饥而死;不以礼食,则得食,必与礼乎? 亲迎,则不得妻;不亲迎,则得妻,必亲迎乎?"

屋庐子不能对,明日之邹,以告孟子。

孟子曰:"于答是也,何有? 不揣其本,而齐其末,方寸之木,可使高于岑③楼。金重于羽者,岂谓一钩金与一舆羽之谓哉? 取食之重者与礼之轻者而比之，奚翅④食重？取色之重者与礼之轻者而比之，奚翅色重？
往应之曰：紾⑤兄之臂而夺之食，则得食；不紾，则不得食，则将紾之
乎？逾东家墙而搂其处子，则得妻；不搂，则不得妻，则将搂之乎？”

注释

①任人：任国人。任国在今山东省济宁市。
②屋庐子：名连，孟子的弟子。
③岑：高。
④翅：通"啻"，仅、只。
⑤紾：扭、转。

译文

有任国人问屋庐子："礼仪与饮食哪个更重要呢？"

屋庐子说："礼仪更重要。"

任国人又问："男女关系与礼仪哪一个更重要？"

屋庐子说："礼仪更重要。"

任国人说："按礼仪去找东西吃，就得饿死；不按礼仪找东西吃，就
能吃到，一定要按照礼仪吗？按礼仪去迎亲，就娶不到妻子；不按礼仪
去迎亲，就娶得到妻子，一定得按礼仪迎亲吗？"

屋庐子不能应答，第二天到邹国去，把这件事告诉了孟子。

孟子说："回答这样的问题有什么难的呢？不考虑它的底端根部位
置，而只对齐它们的末端来比较，那么一寸厚的木板放在高处就可以使
它比高楼还高。金属比羽毛重，难道是说一个小金属带钩的重量比一车
羽毛的重量重吗？拿饮食的重要性与礼仪的细枝末节来比较，难道只是
饮食的问题重要吗？拿男女关系的重要性与礼仪的轻微处来比较，难道
只是男女关系重要吗？你去回答他：扭着兄长的手臂来夺食物，就可以
得到食物，不扭就没有东西吃，那么你会扭着兄长的手臂抢夺食物吗？
翻过东边邻屋的墙去搂抱人家的姑娘，就可以得到妻子；不去搂抱，就

得不到妻子，那么你会去搂抱她吗？"

原文

曹交①问曰："人皆可以为尧舜。有诸？"

孟子曰："然。"

"交闻文王十尺，汤九尺，今交九尺四寸以长，食粟而已，如何则可？"

曰："奚有于是？亦为之而已矣。有人于此，力不能胜一匹雏②，则为无力人矣；今日举百钧，则为有力人矣。然则举乌获③之任，是亦为乌获而已矣。夫人岂以不胜为患哉？弗为耳。徐行后长者谓之弟④，疾行先长者谓之不弟。夫徐行者，岂人所不能哉？所不为也。尧舜之道，孝弟而已矣。子服尧之服，诵尧之言，行尧之行，是尧而已矣。子服桀之服，诵桀之言，行桀之行，是桀而已矣。"

曰："交得见于邹君，可以假馆，愿留而受业于门。"

曰："夫道若大路然，岂难知哉？人病不求耳。子归而求之，有余师。"

注释

①曹交：曹国国君弟。

②一匹雏：一只小鸡。

③乌获：传说中的大力士。

④弟：通"悌"。

译文

曹交问道："人人都能够成为尧舜，有这样的说法吗？"

孟子说："有。"

曹交问："我听说周文王身高十尺，成汤王身高九尺，现在我九尺四寸多一点，只会吃饭罢了，怎样才能成为尧舜呢?"

　　孟子说:"这和身高有什么关系呢?只要去做就行了。这里有个人，力量不能提起一只小鸡，那就是没力气的人了;现在说他能举起三千斤，那就是有力气的人了。那么，要是举得起大力士乌获能举起的重量，这样他就成了乌获了。人难道以不胜任为忧患吗?只是不去做罢了。慢慢地走在长者后面就可说是孝悌，快步走在长者前面就是不孝。慢慢地走这件事，难道人们做不到吗?而是不做罢了。尧舜的美德，只是孝悌而已。你穿尧的衣服，讲尧的话，做尧做过的事，你就是尧了。你穿桀的衣服，讲桀的话，做桀做过的事，你就是桀了。"

　　曹交说:"我要拜见邹国国君，向他借一所客馆，我愿留下来在您门下学习。"

　　孟子说:"圣人的大道就像是大路一样，难道是很难知晓的吗?只怕人们不去探求罢了。你回去自己探求，老师多得很。"

原文

　　宋牼①将之楚。孟子遇于石丘②，曰:"先生将何之?"

　　曰:"吾闻秦、楚构兵，我将见楚王说而罢之。楚王不悦，我将见秦王说而罢之。二王我将有所遇③焉。"

　　曰:"轲也请无问其详，愿闻其指。说之将何如?"

　　曰:"我将言其不利也。"

　　曰:"先生之志则大矣，先生之号④则不可。先生以利说秦、楚之王，秦、楚之王悦于利，以罢三军之师，是三军之士乐罢而悦于利也。为人臣者怀利以事其君;为人子者，怀利以事其父;为人弟者，怀利以事其兄，是君臣、父子、兄弟终去仁义，怀利以相接，然而不亡者，未之有也。先生以仁义说秦、楚之王，秦、楚之王悦于仁义而罢三军之师，是三军之士乐罢而悦于仁义也。为人臣者，怀仁义以事其君;为人子者，怀仁义以事其父;为人弟者，怀仁义以事其兄，是君臣、父子、兄弟去利，怀仁义以相接也，然而不王者，未之有也。何必曰利?"

注释

①宋牼：战国著名学者。
②石丘：地名。
③遇：遇合，指被国君听从。
④号：打的旗号。

译文

宋牼要到楚国去。孟子在石丘遇到他，问："先生要到哪里去呢？"

宋牼说："我听说秦、楚两国要打仗，我要到楚国去，游说楚国罢兵。如果楚王不听我的，我还要到秦国劝说秦王罢兵。他们两人中肯定有人听从我的。"

孟子说："我不问您具体的游说办法，我只是想听听您劝谏他们的主要内容。您将怎样劝他们呢？"

宋牼说："我将说战争的危害。"

孟子说："您的理想算是远大了，但您劝说的名义行不通。先生用利害关系游说秦、楚的国君，秦王、楚王贪图利益罢兵，这样士兵是因为有利益才乐于罢兵的。做大臣的，抱着求利的目的去侍奉君主；做儿子的，抱着求利的目的去侍奉父亲；做弟弟的，抱着求利的目的去侍奉兄长，这样的话，君臣之间、父子之间、兄弟之间最终会没有仁义，只能以互相利用的目的去交往，这样还能保存国家，是不可能的。先生用仁义去劝说秦王、楚王，秦王、楚王因仁义而罢兵，这样士兵们都因罢兵而喜欢仁义了。做大臣的，心中存着仁义去侍奉君王；做儿子的，心中存着仁义去侍奉父亲；做弟弟的，心中存着仁义去侍奉兄长，这样君臣之间、父子之间、兄弟之间就摆脱了利益关系，而用仁义的方式互相交往，这样还不能称王于天下的，也没有过。何必一开口就说到利呢？"

原文

淳于髡曰:"先名实者,为人也;后名实者,自为也。夫子在三卿之中,名实未加于上下而去之,仁者固如此乎?"

孟子曰:"居下位,不以贤事不肖者,伯夷也;五就汤,五就桀者,伊尹也;不恶污君,不辞小官者,柳下惠也。三子者不同道,其趋一也。一者何也?曰:仁也。君子亦仁而已矣,何必同?"

曰:"鲁缪公之时,公仪子为政,子柳、子思为臣,鲁之削也滋甚。若是乎,贤者之无益于国也!"

曰:"虞不用百里奚而亡,秦穆公用之而霸。不用贤则亡,削何可得欤?"

曰:"昔者王豹①处于淇,而河西善讴。绵驹②处于高唐,而齐右善歌。华周、杞梁之妻善哭其夫,而变国俗。有诸内,必形诸外。为其事而无其功者,髡未尝睹之也,是故无贤者也。有则髡必识之。"

曰:"孔子为鲁司寇,不用,从而祭,燔肉不至,不税冕③而行。不知者以为为肉也,其知者以为为无礼也。乃孔子则欲以微罪行,不欲为苟去。君子之所为,众人固不识也。"

注释

①王豹:卫国人,著名歌唱家。
②绵驹:齐国人,著名歌唱家。
③税冕:脱帽。税通"脱"。

译文

淳于髡说:"有人把名声和功业看得很重,这是有志于拯救天下的人;有人不看重声名和功业,是想独善其身的人。先生位在齐国三卿之中,名声和功业还没有得到齐王和下属的认可就离去了,仁者都这样吗？"

孟子说："处在较低的地位，不用自己的才能去侍奉水平不高的人，伯夷是这样的人；五次到了商汤那里，又五次到了夏桀那里，伊尹是这样的人；不把侍奉不贤明的君王当成耻辱，也不推辞小官的，是柳下惠。三个人做法不同，但他们根本目标是相同的。相同的是什么呢？也就是仁爱。君子追求的是仁爱，为什么做法要一样呢？"

淳于髡说："鲁缪公的时候，公仪休做鲁国国相，子柳、子思做大臣，可鲁国日渐削弱。像这种情况，说明贤人大概对国家没什么好处吧！"

孟子说："虞国不重用百里奚就亡国了，秦穆公重用百里奚从而称霸于诸侯。不用贤人国家就会灭亡，即使想日渐削弱，能做到吗？"

淳于髡说："过去歌唱家王豹住在淇水附近，河西的人都善唱歌。齐国歌唱家绵驹住在高唐，齐国西部的人都善唱歌。华周和杞梁的妻子善于哭她们的丈夫，国家的风俗因而改变。内在有什么内容，外在一定会表现出来。做了事情而竟没什么功劳，我还从没见过。所以，齐国没有贤人，要是有，我一定能知道。"

孟子说："孔子做鲁国的司寇，不被重用，跟随国君去祭祀，祭祀的肉也没有得到，孔子没脱礼帽就离开了鲁国。不了解情况的人认为孔子是因为没分到祭祀的肉离开鲁国的，知道情况的人知道孔子是因为鲁君与季孙氏不按祭祀的礼仪才离开。孔子想以承担轻微的罪名离开鲁国，他不想随便离开。君子的行为，一般大众本来就不知道。"

原文

孟子曰："五霸者，三王①之罪人也。今之诸侯，五霸之罪人也。今之大夫，今之诸侯之罪人也。天子适诸侯曰巡狩，诸侯朝于天子曰述职。春省耕而补不足，秋省敛而助不给。入其疆，土地辟，田野治，养老尊贤，俊杰在位，则有庆，庆以地②。入其疆，土地荒芜，遗老失贤，掊克③在位，则有让。一不朝则贬其爵，再不朝则削其地，三不朝则六师移之④。是故天子讨而不伐⑤，诸侯伐而不讨。五霸者，搂⑥诸侯以伐诸侯者也。故曰：五霸者，三王之罪人也。五霸，桓公为盛。葵丘之会诸侯，束牲载书而不歃血⑦。初命曰：'诛不孝，无易树子，无以妾为妻。'再命曰：'尊贤育才，以彰有德。'三命曰：'敬老慈幼，无忘宾旅。'四命曰：'士无世官，官事无摄⑧，取士必得，无专杀大夫。'五命曰：'无曲防⑨，无遏籴⑩，无有封而不告。'曰：'凡我同盟之人，既盟之后，言归于好。'今之诸侯皆犯此五禁，故曰：今之诸侯，五霸之罪人也。长君之恶其罪小，逢君之恶⑪其罪大。今之大夫，皆逢君之恶，故曰：今之大夫，今之诸侯之罪人也。"

注释

①三王：夏禹、商汤、周文王和周武王。

②庆以地：增加封地作为奖励。

③培克：聚敛钱财的人。

④六师移之：天子的军队去讨伐该诸侯。

⑤讨而不伐：只声讨而不亲自攻伐。讨，宣布罪状并命下属攻伐。伐，奉命进攻。

⑥搂：联合。

⑦歃血：用嘴轻轻地吸血。缔结盟约时歃血表示坚守盟约。

⑧官事无摄：不要一身兼多任。

⑨曲防：到处修建堤坝。

⑩遏籴：禁止粮食买卖。

⑪逢君之恶：引导君主走向错误。

译文

孟子说："春秋五霸是三王的罪人。今天的诸侯又是五霸的罪人。现在的大夫又是现在诸侯的罪人。天子到诸侯那里视察叫巡狩，诸侯朝觐天子叫述职。春天视察耕种的情况，帮助种子、耕力不足的人，秋天视察收成情况，救济不能生活的穷人。到了诸侯的封地，见荒地开垦了，农田管理得很好，老年人得到奉养，又尊重贤德之人，有本事的人都有一定的职位，就奖励，将封赏更多的土地作为奖励。到了诸侯的封地，看到土地荒芜，老人没得到供养，又不尊重贤德之人，贪财的人还在高位，就要谴责。一次不朝觐就贬损他的爵位，第二次不朝觐就缩减他的封地，第三次再不朝觐，天子就会指派军队讨伐这个诸侯。所以天子只声讨而不征伐，诸侯只征伐而不可声讨。五霸，是联合一部分诸侯攻打别的诸侯。所以说五霸是三王的罪人。春秋五霸之中，齐桓公功业最大。他在葵丘会盟诸侯，只是把祭祀的牲口捆起来，并没有杀掉，把会盟的文书放在牲口身上，也没有吸血。第一次盟誓说：'诛杀不孝的人，不要轻易废掉嫡子，不要把妾当成正妻。'第二次盟誓说：'尊重贤人，培育人才，表彰道德高尚的人。'第三次盟誓说：'尊敬老人，爱护小孩，不要忘掉宾客和旅行者。'第四次盟誓说：'士人不能世袭职位，也不能让一人身兼数职，一定要选拔士人，不能任意杀戮大夫。'第五次盟誓说：'不能随意修筑堤防危害邻国，当发生饥荒时，不能禁止邻国从自己国家买粮食，不能有封爵而不报告天子。'并说：'凡是一起盟誓的，已盟誓之后，要互相和好，不能打仗。'现在的诸侯都违反了这五种禁令，所以说，今天的诸侯是五霸的罪人。助长君王犯错误罪还不算大，引导君王犯错误罪就大了。现在的大夫，都在引导君王犯错误，所以说：现在的大夫是现在诸侯的罪人。"

原文

孟子曰："今之事君者皆曰：'我能为君辟土地，充府库。'今之所谓良臣，古之所谓民贼也。君不乡道，不志于仁，而求富之，是富桀也。'我能为君约与国，战必克。'今之所谓良臣，古之所谓民贼也。君不乡道，不志于仁，而求为之强战，是辅桀也。由今之道，无变今之俗，虽与之天下，不能一朝居也。"

译文

孟子说："现在侍奉君主的人说：'我能替君王开拓疆土，让仓库充实。'现在所说的良臣，是古代的民贼。君主不走正路，心中没有仁爱，而想让这样的君主富有，就等于让桀那样的暴君富有。'我能替国家结交友好的国家，打仗肯定能取胜。'现在所说的良臣，在古代叫作民贼。君王不走正路，心中没有仁爱，而却要替他打硬仗，这与辅助桀那样的暴君又有什么区别？用今天的办法治理国家，如不改变这种风气，把天下交给他，他也是一天都坐不安稳的。"

原文

白圭①曰："吾欲二十而取一，何如？"

孟子曰："子之道，貉②道也。万室之国，一人陶，则可乎？"

曰："不可，器不足用也。"

曰："夫貉，五谷不生，惟黍生之。无城郭、宫室、宗庙、祭祀之礼，无诸侯币帛饔飧③，无百官有司，故二十取一而足也。今居中国，去人伦，无君子，如之何其可也？陶以寡，且不可以为国，况无君子乎？欲轻之于尧、舜之道者，大貉小貉也。欲重之于尧、舜之道者，大桀、小桀也。"

注释

①白圭：名丹，周人。

②貉：北方部族名。

③饔飧：用食物招待客人。

译文

白圭说："我想定税率为二十抽一，怎么样呢？"

孟子说："你的办法是北方貉国的方法。有万家人口的都城，只有一个制陶工人，行吗？"

白圭说："不行，那样的话陶器不够用的。"

孟子说："貉国，不出产五谷，只生长黍子。没有城市、宫室礼仪，也没有宗庙、祭祀的礼仪，没有诸侯间的往来送礼和宴饮，没有各级官吏，所以二十抽一的税率也就够了。现在生活在中原地区，抛弃人伦，不要管理社会的官员，怎么能行呢？制陶工人太少，都不能治理好国家，更何况没有管理者呢？想把税率定得比尧、舜的十分之一还轻的，不过是大貉、小貉这样的国家罢了。欲把税率定得超过尧、舜的，不过是大桀、小桀罢了。"

原文

白圭曰："丹之治水也愈于禹。"

孟子曰："子过矣。禹之治水，水之道也，是故禹以四海为壑。今吾子以邻国为壑。水逆行谓之洚水。洚水者，洪水也，仁人之所恶也。吾子过矣。"

译文

白圭说："我治理水患的水平超过大禹。"

孟子说："你错了。大禹治水，是按照水的本性，所以大禹把海当成水的归宿。现在你却把邻国当成蓄水的沟壑。水逆行叫作洚水。洚水，就是洪灾，这是有仁德的人所讨厌的。你错了。"

原文

孟子曰："君子不亮①，恶乎执？"

注释

①亮：守信用。

译文

孟子说："君子要是不守信用，怎么会有做人的操守呢？"

原文

鲁欲使乐正子为政。孟子曰："吾闻之，喜而不寐。"
公孙丑曰："乐正子强乎？"
曰："否。"
"有知虑乎？"
曰："否。"
"多闻识乎？"
曰："否。"
"然则奚为喜而不寐？"
曰："其为人也好善。"
"好善足乎？"
曰："好善优于天下，而况鲁国乎？夫苟好善，则四海之内皆将轻千里而来告之以善。夫苟不好善，则人将曰：'訑訑①，予既已知之矣。'訑訑之声音颜色，距人于千里之外。士止于千里之外，则谗谄面谀之人至矣。与谗谄面谀之人居，国欲治，可得乎？"

注释

①訑訑：拒绝接受别人善言的声音。

译文

鲁国想让乐正克执政。孟子说："我听说这件事，高兴得整晚没睡着觉。"

公孙丑问："乐正克能力很强吗？"

孟子说："不是。"

公孙丑问："乐正克能够深谋远虑吗？"

孟子说："不是。"

公孙丑问："他知识渊博吗？"

孟子说："也不是。"

公孙丑问："那你为什么还高兴得睡不着呢？"

孟子说："他这人喜欢采纳别人的善言。"

公孙丑问："喜欢采纳善言就能治理国家？"

孟子说："喜欢采纳善言，治理天下就从容得多，更何况是治理鲁国呢？一个人如果喜欢采纳善言，四海之内人们都会不远千里来告诉他好办法。一个人如果不采纳别人好的意见，他就会说：'呵呵，我早知道了。'呵呵的声音和态度，能把人挡在千里之外。士人被挡在千里之外，拍马奉承的人就到了跟前。跟拍马奉承的人在一起，想治理好国家，可能吗？"

原文

陈子曰："古之君子何如则仕？"

孟子曰："所就三，所去三。迎之致敬以有礼，言将行其言也，则就之；礼貌未衰，言弗行也，则去之。其次，虽未行其言也，迎之致敬以有礼，则就之；礼貌衰，则去之。其下，朝不食，夕不食，饥饿不能出门户。君闻之，曰：'吾大者不能行其道，又不能从其言也，使饥饿于我土地，吾耻之。'周之，亦可受也，免死而已矣。"

译文

陈臻问："古代的君子在什么情况下才去做官呢？"

孟子说："有三种情况可去做官，有三种情况可辞职不干。君王恭敬地迎接自己，行为都符合礼节，并且说要实行自己的主张，这样就可去做官；恭敬依然恭敬，但未实行自己的主张，就可以辞职。其次，虽没说要实行自己的主张，但是迎接自己时很恭敬，行为又都符合礼节，也可以去做官；这样的情况，礼数一亏就可辞职。最坏的情况是，早晚两顿饭都没有，饿得不能出门。君主知道了，说：'我大的方面不能推行你的主张，又不能听从你的话，却让你在我的国土上挨饿，我觉得是耻辱。'君主周济你，这也可以接受，不过是免于饿死罢了。"

原文

孟子曰："舜发于畎亩之中，傅说①举于版筑②之间，胶鬲③举于鱼盐之中，管夷吾举于士，孙叔敖④举于海，百里奚举于市。故天将降大任于是人也，必先苦其心志，劳其筋骨，饿其体肤，空乏其身，行拂乱其所为，所以动心忍性，曾⑤益其所不能。

人恒过，然后能改，困于心衡于虑而后作，征于色发于声而后喻。入则无法家拂士⑥，出则无敌国外患者，国恒亡，然后知生于忧患，而死于安乐也。"

注释

①傅说：殷高宗大臣，名说，在傅岩筑城，故称为傅说。
②版筑：古代修筑城墙的方法。
③胶鬲：周文王大臣。
④孙叔敖：楚国掌军政大权的高官，原先隐居在海边。
⑤曾：通"增"。
⑥法家拂士：法家，遵守法度的世臣。拂，拂士，辅佐的贤臣。

译文

孟子说："舜从田间被举荐出来，傅说在筑城的奴隶中被提拔出来，胶鬲从贩卖鱼盐的商人中被提拔上来，管仲从监狱中被提拔上来，孙叔敖从海边隐居的地方被楚庄王提拔上来，百里奚在市井中用五张羊皮买回，被提拔上来。所以说，上天要让某个人担当重任，一定会让这个人的心志忍受痛苦，劳累他的筋骨，饿饥他的身体，让他穷困，让他事事不如愿，这是考验一个人的心性和毅力，提高他水平的一种方法。人人都会犯错误，多犯几次错误才能彻底改过；人只有内心被困扰，整天想着某件事，才能奋发；表现在脸色上，发出声音，然后才能被人了解。在国中没有遵守法度的大臣和贤良的辅佐，外边又没有敌人，这样的国家总要灭亡的。从这里可知忧患使人生存，而衰亡则是因为太安逸了。"

原文

孟子曰："教亦多术矣。予不屑之教诲也者，是亦教诲之而已矣。"

译文

孟子说："教育人的办法是很多的。我不屑于教导他，这本身也是在教导他。"

尽 心 上

原文

孟子曰："尽其心者，知其性也。知其性，则知天矣。存其心，养其性，所以事天也。夭寿不贰，修身以俟之，所以立命也。"

译文

孟子说："人能够竭尽心志向善，就能体会到人的本性。体会到人的本性，就懂得天命了。保存自身的善良本心，培养自身的天赋本性，正确地对待天命。无论短命（夭折）还是长寿都忠实不二，勤修自身等待天命的到来，这就是安身立命。"

原文

孟子曰："莫非命也，顺受其正①，是故知命者不立乎岩墙②之下。尽其道而死者，正命也；桎梏③者，非正命也。"

注释

①莫非命也，顺受其正：意为一切都由天命决定，顺应它就承受正常的命运。

②岩墙：危墙。

③桎梏：脚镣、手铐等刑具。

译文

孟子说："一切都由天命决定，顺应天命就会承担正常的命运，因此，了解天命的人不站在将要倒塌的墙壁下面。尽力按正道来做人而最后死去的人，承受的是正常的命运；犯法而被处死的人，承受的是非正常的命运。"

原文

孟子曰："求则得之，舍则失之，是求有益于得也，求在我者也。求之有道，得之有命，是求无益于得也，求在外者也。"

译文

孟子说："探求才能有收获，舍弃就会失去，这种探求有益于收获，因为探求的对象就在我自身。探求虽然有规律，能否有收获则在于天命，这种求索无益于收获，因为探求的对象在自身之外。"

原文

孟子曰："万物皆备于我矣，反身而诚，乐莫大焉。强恕而行，求仁莫近焉。"

译文

孟子说："万事万物之理，我自身都具备了，反躬自问，我所认识的一切都是诚实无欺的，再没有比这更快乐的了。努力地实行恕道，这是最接近仁德的道路。"

原文

孟子曰："行之而不著焉，习矣而不察焉，终身由之而不知其道者，众也。"

译文

孟子说："做了仁义的事却不明白为什么要这样做，天天习以为常都不知道所以然，一生都按着道义去做却不想想什么是道义，这种人占多数。"

原文

孟子曰："人不可以无耻，无耻之耻，无耻矣。"

译文

孟子说："一个人不可以没有羞耻心，能够从不知羞耻到知道羞耻，就能终身免于羞耻了。"

原文

孟子曰："耻之于人大矣！为机变之巧者，无所用耻焉。不耻不若人，何若人有？"

译文

孟子说："羞耻之心对人至关重要！搞权术的人是不知羞耻的。不以自己不如别人而羞耻，又如何能赶得上别人呢？"

原文

孟子曰："古之贤王好善而忘势，古之贤士何独不然？乐其道而忘人之势，故王公不致敬尽礼，则不得亟见之。见且由不得亟，而况得而臣之乎？"

译文

孟子说："古代的贤明君主喜欢行善而忘掉自己的权势，古代贤能之士又何尝不是这样呢？乐于奉行自己的大道，就忘记了他人的权势，所以王公贵族们不以敬意对他表示礼遇，就不能够多次见到他。见面尚且不能多得，何况是要他做臣下呢？"

原文

孟子谓宋勾践①曰："子好游乎？吾语子游：人知之，亦嚣嚣②；人不知，亦嚣嚣。"

曰："何如斯可以嚣嚣矣？"

曰："尊德乐义，则可以嚣嚣矣。故士穷不失义，达不离道。穷不失义，故士得已焉；达不离道，故民不失望焉。古之人，得志，泽加于民；不得志，修身见于世。穷则独善其身，达则兼善天下。"

注释

①勾践：人名。
②嚣嚣：通"闲闲"，自得无欲的样子。

译文

孟子对宋勾践说："你喜好游说诸侯吗？我跟你讲怎么游说吧：人家了解你的意见，你要安闲自若；不了解你的意见，你也要安闲自若。"

宋勾践问："怎样才能做到安闲自若？"

孟子回答："尊重仁德，乐于奉守大义，就能够做到安闲自若。所以士人困窘的时候不丢失大义，得势的时候不背离大道。困窘时不丢弃大义，所以士人能够固守本性；得势时不背离大道，所以民众才不会失望。古人得志时会惠泽万民，不得志时修养自身显现于世。困窘时就独自修养自身，腾达的时候就同时恩泽天下。"

原文

孟子曰："待文王而后兴者，凡民也。若夫豪杰之士，虽无文王犹兴。"

译文

孟子说："等文王这样的贤主出现才感动奋发的人，是一般人。杰出的人物，即使没有文王出现，也能自觉地奋发。"

原文

孟子曰："仁言不如仁声之入人深也，善政不如善教之得民也。善政，民畏之；善教，民爱之。善政得民财，善教得民心。"

译文

孟子说："仁德的言语不如仁德的声望那么深入人心，完善的政策不如向善的教化得到人民的拥护。完善的政策，人们害怕它；向善的教化，人们喜爱它。完善的政策措施能获得人民的财物，向善的教化能得到人民的支持。"

原文

孟子曰："人之所不学而能者，其良能也；所不虑而知者，其良知也。孩提之童，无不知爱其亲者，及其长也，无不知敬其兄也。亲亲，仁也；敬长，义也。无他，达之天下也。"

译文

孟子说："人未曾学过就知道的，这是人的本能；没有思考过就知道的，这是人的良知。两三岁的小孩，没有不知道喜爱他的父母的，到他长大了，没有不知道尊敬兄长的。亲近父母，这是仁；尊敬兄长，这是义。没有其他的原因，因为这两种品德是通行于天下的。"

原文

孟子曰："舜之居深山之中，与木石居，与鹿豕游，其所以异于深山之野人者几希，及其闻一善言，见一善行，若决江河，沛然莫之能御也。"

译文

孟子说："舜居住在深山中，和树木、石头在一起，和麋鹿野猪一同交往，他和深山的野人没有多少区别，但是等到他听到一句有益的话，见到一种高尚的行为，就立刻身体力行，像江河决堤，气势充沛，没有东西能够抵挡。"

原文

孟子曰："无为其所不为，无欲其所不欲，如此而已矣。"

译文

孟子说："不要做不应做的事，不贪求不应当得到的东西，一个人这样做就可以了。"

原文

孟子曰："人之有德慧术知者，恒存乎疢疾①。独孤臣孽子②，其操心也危，其虑患也深，故达。"

注释

①疢疾：疾病，引申为灾患。
②孽子：庶子。

译文

孟子说："人之所以有德行、智慧、技艺、才能，常常是由于灾患的缘故。只有那些不获重用的臣子和地位低微的庶子，心里总是不安，考虑的是深远的忧患，所以通达事理、洞察人情。"

原文

孟子曰："有事君人者，事是君则为容悦者也；有安社稷臣者，以安社稷为悦者也；有天民者，达可行于天下而后行之者也；有大人者，正己而物正者也。"

译文

孟子说："有侍奉君主的人，他们侍奉君主以讨君主欢心为乐；有安定社稷的人，他们以安定社稷为乐；有品格高尚的人，他们是以大道能行通天下而去苦干的人；有在位的圣人，他们是以先端正自己再去规范别人的人。"

原文

孟子曰:"君子有三乐,而王天下不与存焉。父母俱存,兄弟无故,一乐也;仰不愧于天,俯不怍于人,二乐也;得天下英才而教育之,三乐也。君子有三乐,而王天下不与存焉。"

译文

孟子说:"君子有三种快乐,但称王天下不在这其中。父母都健在,兄弟没有灾祸疾病,是一种快乐;上无愧于天,下无愧于地,这是第二种快乐;得到天下优秀人才,然后来教导培育他们,这是第三种快乐。君子有这三种快乐,称王天下不在其中。"

原文

孟子曰:"广土众民,君子欲之,所乐不存焉。中天下而立,定四海之民,君子乐之,所性不存焉。君子所性,虽大行不加焉,虽穷居不损焉,分定故也。君子所性,仁义礼智根于心,其生色也睟然,见于面,盎于背,施于四体,四体不言而喻。"

译文

孟子说:"拥有广大的土地和众多的百姓,是君子所追求的,但是他的快乐不在于此。站在天地间,使四海之内的百姓生活安定,君子把它作为乐趣,但是他的本性不在这里。君子的本性,飞黄腾达了也不因此而增加,穷困窘迫也不因此而减损,这是天分已定好的缘故。君子的本性,仁义礼智植根在心中,显现于外面的神色清和润泽,流露在脸上,充盈在肩背,流向四肢,通过举手投足,无须言语就能使人了解。"

原文

孟子曰："易其田畴^①，薄其税敛，民可使富也。食之以时，用之以礼，财不可胜用也。民非水火不生活，昏暮叩人之门户求水火，无弗与者，至足矣。圣人治天下，使有菽粟如水火。菽粟如水火，而民焉有不仁者乎？"

注释

①易其田畴：朱熹注："易，治也。田畴，耕治之田地。"

译文

孟子说："耕种田地，减少税收，就可使人民富裕了。按时饮食，有节制地花费，财物就用不完了。百姓没有水和火就不能生活，傍晚时去敲别人家门求借水和火，没有不给的，因为这时相当充足。圣人治理天下，就会让豆、米像水与火一样充足。粮食像水、火一样充足，百姓哪会有不仁义的呢？"

原文

孟子曰："孔子登东山^①而小鲁，登泰山而小天下，故观于海者难为水，游于圣人之门者难为言。观水有术，必观其澜。日月有明，容光^②必照焉。流水之为物也，不盈科不行；君子之志于道也，不成章^③不达。"

注释

①东山：即蒙山，在山东省蒙阴县南。

②容光：透光的小缝隙。

③成章：经过长久的积累而达到一定的成就。

译文

孟子说："孔子登上东山就觉得鲁国小了，登上泰山就觉得天下小了，所以观看过大海的人就难以被小溪吸引，在圣人门下学习过的人就难被一般的言论所吸引。观看水有一定的方法，一定要看它壮阔的波澜。日月有无比的光辉，小缝隙也能照进去。流水这东西，不充满水坑就不会向前流走；君子追求大道的志向，不达到一定的成就就不会通达。"

原文

孟子曰："鸡鸣而起，孳孳为善者，舜之徒也；鸡鸣而起，孳孳为利者，跖之徒也。欲知舜与跖之分，无他，利与善之间也。"

译文

孟子说："鸡一叫就起来，孜孜不倦地行善，是舜这一类的人；鸡叫了就起来，孜孜不倦地谋求利益的，是盗跖之流的人。想要知道舜和盗跖的分别，没有别的，只是求利与求善不同罢了。"

原文

孟子曰："杨子取①为我，拔一毛而利天下，不为也。墨子兼爱，摩顶放踵利天下，为之。子莫②执中。执中为近之。执中无权，犹执一也。所恶执一者，为其贼道也，举一而废百也。"

注释

①取：主张。
②子莫：鲁国贤人。

译文

孟子说："杨朱主张为自己，就是拔去自己一根毫毛而有利于天下，他也不愿去做。墨子主张兼爱，即使是摩秃头顶、走破脚跟，只要对天下有利，也愿意去做。子莫采取中间态度。采取中间态度比较接近正确的做法。但是折中却不能权衡轻重，就像坚持一个极端一样。厌恶坚持极端的做法，是因为它损害了仁义之道，因为坚持了一个极端却废弃了其他很多方面。"

原文

孟子曰："饥者甘食，渴者甘饮，是未得饮食之正也，饥渴害之也。岂惟口腹有饥渴之害？人心亦皆有害。人能无以饥渴之害为心害，则不及人不为忧矣。"

译文

孟子说："肚子饿的人吃东西觉得美味，口渴的人喝水觉得甘甜，实际上并没有尝到饮料食物的原本滋味，这是因为受了饥渴之害。难道只是嘴巴和肚子受饥渴之害吗？人的心灵都有类似的饥渴之害。人能够不让饥渴之害发展成为心害，那么就不用担心自己比不上别人了。"

原文

孟子曰："有为者辟若掘井，掘井九轫^①而不及泉，犹为弃井也。"

注释

①轫：通"仞"。七或八尺为一仞，九仞相当于六七丈。

译文

孟子说："做事像挖井，挖了六七丈却没能挖到地下泉水，（如果半途而途，）就等于挖了一眼废井。"

原文

孟子曰："尧舜，性之也；汤武，身之也；五霸，假之也。久假而不归，恶知其非有也。"

译文

孟子说："尧舜施行仁义，是本性；商汤和周武王施行仁义，是身体力行；五霸施行仁义，只是假借仁义之名罢了。长久假仁义之名而不归还，又怎么知道他们不会最终弄假成真施行仁义呢？"

原文

公孙丑曰："《诗》曰：'不素餐兮！'君子之不耕而食，何也？"

孟子曰："君子居是国也，其君用之，则安富尊荣；其子弟从之，则孝悌忠信。'不素餐兮'，孰大于是?"

译文

公孙丑说:"《诗经》中说:'不能白吃饭啊!'现今的君子自己不从事耕种而吃饭，为什么呢?"

孟子说:"君子住在这个国家，这国的国君任用他，那么国家就安定富裕、尊贵荣耀;国家的少年子弟跟从他学习，就懂得孝敬父母、尊敬兄长、忠于国君、坚守信用。'不能白吃饭啊'，难道还有什么比这些功绩更大的吗? 所以不能说君子白吃饭。"

原文

王子垫①问曰:"士何事?"

孟子曰:"尚志。"

曰:"何谓尚志?"

曰:"仁义而已矣。杀一无罪，非仁也;非其有而取之，非义也。居恶在? 仁是也;路恶在? 义是也。居仁由义，大人之事备矣。"

注释

①王子垫:齐宣王之子。

译文

齐国的王子垫问:"士人应当做什么事呢?"

孟子说:"士人应当理想远大、道德高尚。"

王子垫问:"什么是理想远大、道德高尚呢?"

孟子说:"就是仁义。杀一个没罪的人，就算不上仁。不是自己的东西而拿来用，就算不上义。一个人应该住在什么地方? 应该住在仁所在的地方。应该走在什么路上？应该走在道义的路上。居于仁行于义，也就是君子了。"

原文

孟子曰："仲子^①，不义与之齐国而弗受，人皆信之，是舍箪食豆羹之义也。人莫大焉亡亲戚君臣上下。以其小者，信其大者，奚可哉？"

注释

①仲子：即陈仲子。

译文

孟子说："陈仲子这人，如果用不仁义的方式就算把整个齐国都给他，他也不要，人们都相信陈仲子的仁义，这实际上是舍弃一盘食物一碗菜汤之类的小义。人最大的不仁义就是不要亲戚、君臣、上下的关系。因为他有小的仁义，就相信他在大的方面也讲仁义，怎么行呢？"

原文

桃应^①问曰："舜为天子，皋陶为士，瞽瞍杀人，则如之何？"
孟子曰："执之^②而已矣。"
"然则舜不禁与？"
曰："夫舜恶得而禁之？夫有所受之^③也。"
"然则舜如之何？"
曰："舜视弃天下犹弃敝蹝^④也，窃负而逃，遵海滨而处，终身诉然^⑤，乐而忘天下。"

注释

①桃应：孟子的弟子。

②执之：逮捕他。

③有所受之：法律传自先王，不能因当权者而更改。

④敝蹝：破鞋。蹝，草鞋。

⑤䜣然：高兴的样子。䜣通"欣"。

译文

桃应问道："舜做天子，皋陶执行法律，如果舜的父亲瞽瞍杀了人，该怎么办呢？"

孟子说："只能逮捕他。"

桃应说："那么舜就不管吗？"

孟子说："舜怎么能不让皋陶执行法律呢？法律是从先王那里传下来的，不能随意更改。"

桃应问："那么舜该怎么办呢？"

孟子说："舜把脱离天子之位看成像扔掉破草鞋一样，他会偷偷地背着他的父亲逃跑，在海边住下来，一辈子很快乐，因为能与父亲在一起，连王位都忘了。"

原文

孟子自范①之齐，望见齐王之子，喟然叹曰："居移气，养移体。大哉居乎！夫非尽人之子与！"

孟子曰："王子宫室、车马、衣服，多与人同。而王子若彼者，其居使之然也。况居天下之广居②者乎？鲁君之宋，呼于垤泽③之门。守者曰：'此非吾君也，何其声之似我君也？'此无他，居相似也。"

注释

①范：齐国城邑。
②广居：即"仁"。
③垤泽：宋国城门的名称。

译文

孟子从范邑到了齐国国都临淄，远远地看到齐王的儿子，感叹道："居住的环境能改变人的气质，受到的奉养能改变人的体质。环境很重要啊！他不也是人的儿子吗？"

孟子接着说："王子住的官殿、乘的马车、穿的衣服与别人是相同的。但王子气质与别人不同，在于他所处的地位。更何况是那些信守仁义的人呢？鲁国国君到了宋国，在垤泽门大声喊叫。守门人说：'这并不是我们宋国的国君，可他的声调怎么那么像我们宋国的国君呢？'这并没有别的原因，因为他们地位相同，生活的环境很接近呀。"

原文

孟子曰："食而弗爱，豕交①之也。爱而不敬，兽畜②之也。恭敬者，币之未将③者也。恭敬而无实，君子不可虚拘④。"

注释

①豕交：用对待猪的方式交往。
②兽畜：用对待犬马等动物的方式养着。
③币之未将：礼物还未奉送。将，奉、呈上。
④虚拘：被表面现象所迷惑。

译文

孟子说："诸侯仅仅供给士人食物而并不对其爱惜、重用，就等于把士人当猪一样看待。虽然爱惜但并不恭敬，就像对待犬马等宠物一样。恭敬的态度，应该是在礼物没送来之前就存在的。如果只是表面恭敬而内心无所谓，那么君子就不能被表面现象所迷惑。"

原文

孟子曰："君子之所以教者五：有如时雨化之者，有成德者，有达财①者，有答问者，有私淑艾②者。此五者，君子之所以教也。"

注释

①达财：让人发挥自己的才能。财通"才"。才能。
②私淑艾：私下喜欢而去学习研究。

译文

孟子说："君子教育人的方法有五种：有的像及时雨让人不知不觉间起变化，有的提高道德修养，有的能发挥学生的才能，有的是回答学生的疑问，也有的并没亲自受教，但喜欢这人的学问，而自己私下自学研究。这五种情况，就是君子教育人的方法。"

原文

公孙丑曰："道则高矣，美矣，宜若登天然，似不可及也。何不使彼为可几及而日孳孳也？"

孟子曰："大匠不为拙工改废绳墨，羿不为拙射变其彀率。君子引而不发，跃如也。中道而立，能者从之。"

译文

公孙丑说："您的主张虽很高明很伟大，但似乎像登天，好像做不到。为什么不让自己的主张可以攀及，不多但可以实行，因而让人不停地努力呢？"

孟子说："高明的工匠并不会为了蠢笨的工匠容易学习就废弃规矩，后羿也不会为了不善射箭的人而改变自己拉弓的标准。君子教人，就像射箭一样，拉满弓又不把箭射出，可是很快就能射出。君子走在正路上，能跟从的就跟从，他不会降低自己的标准。"

原文

孟子曰："天下有道，以道殉身；天下无道，以身殉道。未闻以道殉乎人者也。"

译文

孟子说："天下太平时，就为实现道义而鞠躬尽瘁；天下不太平时，宁肯为坚守道义而献身。从来没听说过为迁就别人而牺牲道义的。"

原文

公都子曰："滕更之在门也，若在所礼。而不答，何也？"

孟子曰："挟贵而问，挟贤而问，挟长而问，挟有勋劳而问，挟故而问，皆所不答也。滕更有二焉。"

译文

公都子说："滕更作为国君的弟弟，在您的门下，似乎应对他礼貌些。您却不理他，这是为什么呢？"

孟子说："自认为自己地位尊贵，自认为自己贤能，倚老卖老，凭着自己有功劳，凭着有老交情，凭这五种情况来请教我，我都不理他们。滕更有其中的两种情况。"

原文

孟子曰："于不可已而已者，无所不已。于所厚者薄，无所不薄也。其进锐者，其退速。"

译文

孟子说："在不该停止的地方停下来，那就没有什么不可以停止。在应该下大力气的地方却不用力气，那就在什么时候都不会下大力气。如果前进得太快，他后退得也会很快。"

原文

孟子曰："君子之于物也，爱之而弗仁。于民也，仁之而弗亲。亲亲而仁民，仁民而爱物。"

译文

孟子说："君子对于禽兽草木，爱它们却不用仁德对待它们。对于老百姓，用仁德对待他们可是并不亲近他们。君子亲近自己的亲人，然后能对老百姓仁爱；对老百姓仁爱，然后才能爱护自然万物。"

原文

孟子曰："知者无不知也，当务之为急。仁者无不爱也，急亲贤之为务。尧、舜之知而不遍物，急先务也。尧、舜之仁不遍爱人，急亲贤也。不能三年之丧，而缌、小功①之察；放饭流歠②，而问无齿决③，是之谓不知务。"

注释

①缌：三月丧期。小功：五月丧期，指服丧较短。

②放饭流歠：大口吃饭喝汤，指在老人面前吃饭而不尊敬老人。

③问无齿决：讲求有没有用牙咬断干肉。按当时的规定，干肉应用手撕开吃，用牙齿咬断不合礼。

译文

孟子说："聪明人应该什么都知道，但他们急于做的是最重要的事。仁者爱所有的人，但他们把亲近贤人当成要务。尧、舜的智慧并不能懂得天下所有的事务，他们急着做最重要的事情。尧、舜的仁爱也不是同时施向所有的人，他们急着要做的是亲近贤人。不能做到服丧三年，但对三月、五月的小丧期却仔细讲求；在老人面前大口吃饭喝汤，极不礼貌，却还要讲求不用牙咬断干肉，这就是不懂得什么是重要的事情。"

尽 心 下

原文

孟子曰："不仁哉梁惠王也！仁者以其所爱及其所不爱，不仁者以其所不爱及其所爱。"

公孙丑问曰："何谓也？"

"梁惠王以土地之故，糜烂其民而战之。大败，将复之，恐不能胜，故驱其所爱子弟以殉之，是之谓以其所不爱及其所爱也。"

译文

孟子说："梁惠王很不仁啊！仁者把给予他喜爱的人的恩惠推及他不喜爱的人，不仁爱的人把带给他不喜爱的人的灾祸推及所喜爱的人身上。"

公孙丑问："为什么这样说呢？"

孟子说："梁惠王为了扩张领土，让百姓战死沙场，尸骨糜烂，驱使他们作战。打了败仗，准备再次出战，因为害怕不能取胜，所以驱使他喜爱的子弟去献身，这就叫作把他不喜爱的人的灾祸推及喜爱的人身上。"

原文

孟子曰："春秋无义战。彼善于此，则有之矣。征者，上伐下也，敌国不相征也。"

译文

孟子说："春秋时代没有正义的战争。相对来说，那个国君比这个国君稍好一些，这是有的。征伐，是上面的天子讨伐下面不义的诸侯，同等级的诸侯国是不能互相征伐的。"

原文

孟子曰："尽信《书》，则不如无《书》。吾于《武成》①，取二三策而已矣。仁人无敌于天下，以至仁伐至不仁，而何其血之流杵②也？"

注释

①《武成》：《尚书》的篇名。
②杵：舂米的木棒。

译文

孟子说："全部都相信《尚书》，就不如没有《尚书》的好。我在《武成》里只不过采用了它两三个竹简上的记叙罢了。仁德的人在天下是没有敌手的，用最仁德的文王去讨伐最不仁德的纣王，怎么会血流成河而把舂米的木棒流走呢？"

原文

孟子曰："有人曰：'我善为陈，我善为战。'大罪也。国君好仁，天下无敌焉。南面而征，北狄怨；东面而征，西夷怨，曰：'奚为后我？'武王之伐殷也，革车三百两，虎贲三千人。王曰：'无畏！宁尔也，非敌百姓也。’若崩厥角稽首。征之为言正也，各欲正己也，焉用战？”

译文

　　孟子说：“有人说：‘我善于摆阵，善于征战。’这是大罪过。国君喜爱仁道，天下就没有敌手了。商汤起义时，向南征伐，北方狄人就埋怨；向东征伐，西边夷人就抱怨，说：‘为什么把我排在后面？’周武王讨伐殷纣时，兵车三百辆，勇士三千人。武王对百姓说：‘不要害怕！我是来使你们生活安定的，不是与你们为敌的。’百姓像山倒塌一样叩头行礼。征是正的意思，各个地方的人都想用仁义匡正自己的国家，哪里还用得上打仗呢？”

原文

　　孟子曰：“梓匠轮舆能与人规矩，不能使人巧。”

译文

　　孟子说：“制造车轮、车厢的工匠只能把制造规矩法度传授给别人，但是不能使别人获得极高的制造技巧。”

原文

　　孟子曰：“吾今而后知杀人亲之重也：杀人之父，人亦杀其父；杀人之兄，人亦杀其兄。然则非自杀之也？一间耳。”

译文

　　孟子说：“我如今才知道杀死别人亲人的严重性：杀死别人的父亲，别人也会杀死他的父亲；杀死别人的兄长，别人也会杀死他的兄长。那么，这不就等于是自己杀死自己的亲人吗？实际上很接近了。"

原文

孟子曰："古之为关也，将以御暴；今之为关也，将以为暴。"

译文

孟子说："古时候设立关卡，是用来防御发生暴乱；如今设立关卡，是用来施行暴政。"

原文

孟子曰："身不行道，不行于妻子；使人不以道，不能行于妻子。"

译文

孟子说："自身不依从道义，妻子儿女也不会依从道义；使唤别人不符合道义，连自己的妻子儿女也使唤不来。"

原文

孟子曰："周于利者凶年不能杀，周于德者邪世不能乱。"

译文

孟子说："平时积累财货的人，荒年也不能使他困窘；平时品行修养深厚的人，乱世之秋也不会使他迷失本性。"

原文

孟子曰："好名之人，能让千乘之国，苟非其人，箪食豆羹见于色。"

译文

孟子说："喜欢好名声的人，能够谦让有千辆兵车的王国；如果不是这样的人，即使叫他让出一碗饭、一碗汤，他也会表现出不高兴的神情。"

原文

孟子曰："不信仁贤，则国空虚；无礼义，则上下乱；无政事，则财用不足。"

译文

孟子说："不相信仁德贤能的人，那么人才枯竭，国家就没有人才可用；不讲礼义，全国上下就会混乱；不勤于政事，国家就会财物资源贫乏。"

原文

孟子曰："不仁而得国者，有之矣；不仁而得天下者，未之有也。"

译文

孟子说："不施行仁道而能得到一个诸侯国的，这种事例曾有过；但是不施行仁道能得天下的事，却从未有过。"

原文

孟子曰："民为贵，社稷次之，君为轻。是故得乎丘民而为天子，得乎天子为诸侯，得乎诸侯为大夫。诸侯危社稷，则变置。牺牲既成，粢盛既洁，祭祀以时，然而旱干水溢，则变置社稷。"

译文

孟子说："老百姓最重要，土地神谷之神稍次一点，君主最次要。得到百姓拥护的人可以做天子，得到天子支持的人可以做诸侯，得到诸侯支持的人可以做大夫。诸侯对国家有危害，那就废掉他另设置一个。用作祭祀的牲口已经长大了，祭器中的祭物也已经洁净了，按时进行祭祀，但是如果仍有水旱灾害，那么就另立土地神、谷神。"

原文

孟子曰："圣人，百世之师也，伯夷、柳下惠是也。故闻伯夷之风者，顽夫廉，懦夫有立志；闻柳下惠之风者，薄夫敦，鄙夫宽。奋乎百世之上，百世之下，闻者莫不兴起也。非圣人而能若是乎？而况于亲炙之者乎？"

译文

孟子说："圣人，是百代人的老师，伯夷、柳下惠就是这样的人。所以说，听到伯夷的事迹，贪心的人也变得清廉，懦弱的人也变得有志气；听到柳下惠的事迹，刻薄的人也变得敦厚，器量小的人也会变得胸怀宽广。圣人们在百代之前奋发有为，百代之后听说他们事迹的人没有不感动振作的。不是圣人的话，能够像这样影响深远吗？更何况那些在圣人身边受教育的人呢?"

孟子曰:"仁也者,人也。合而言之,道也。"

孟子说:"仁,也就是说人与人的关系。总起来说,也就是道。"

孟子曰:"孔子之去鲁,曰:'迟迟吾行也。'去父母国之道也。去齐,接淅而行,去他国之道也。"

孟子说:"孔子离开鲁国的时候说:'我们要慢慢地走啊。'这是离开祖国的态度。他离开齐国时,淘米水还没沥干就走了,这是离开别的国家的态度。"

孟子曰:"君子之厄于陈、蔡之间,无上下之交也。"

孟子说:"孔子之所以被困在陈国、蔡国之间,是因为君臣上下对其缺乏了解。"

原文

貉稽曰："稽大不理于口①。"孟子曰："无伤也。士憎兹多口。《诗》云：'忧心悄悄，愠于群小。'②孔子也。'肆不殄厥愠，亦不殒厥问。'③文王也。"

注释

①不理于口：不顺于众人之言，被很多人诽谤。
②忧心悄悄：忧愁的样子。
③肆不殄厥愠，亦不殒厥问：肆，发语词。殄，断绝。问，名声。

译文

貉稽说："我在众人中的名声不好。"孟子说："这没什么。士人就讨厌多嘴多舌说人坏话的人。《诗经》上说：'我内心很忧愁，我被众多小人讨厌。'孔子就是这样。'没能断绝他们的恼怒，可也没损害自己的名声。'周文王就是这样。"

原文

孟子曰："贤者以其昭昭，使人昭昭，今以其昏昏，使人昭昭。"

译文

孟子说："贤能的人一定用自己的明白，让别人也明白，可现在有些人自己糊涂，却想让别人明白。"

原文

孟子谓高子曰："山径之蹊间，介然用之而成路。为间不用，则茅塞之矣。今茅塞子心矣。"

译文

孟子对高子说："山间的小路有人行走的地方，当然走得多也就变成了大路。过一段时间没人走，就长满了茅草。现在茅草也堵塞了你的内心。"

原文

齐饥。陈臻曰："国人皆以夫子将复为发棠[①]，殆不可复。"

孟子曰："是为冯妇也。晋人有冯妇者，善搏虎，卒为善士。则之野，有众逐虎。虎负嵎[②]，莫之敢撄[③]。望见冯妇，趋而迎之。冯妇攘臂下车，众皆悦之。其为士者笑之。"

注释

①发棠：发，开仓赈济。棠，地名，令山东即墨南。发棠，打开棠的仓库，救济贫民。先前齐国曾有饥荒，孟子劝齐王开仓赈济。

②负嵎：背依山谷。

③撄：前去、接触、靠近。

译文

齐国发生了饥荒。陈臻说："齐国人都认为您会再次请求打开棠的仓库救济百姓，大概不会再这样做了吧。"

孟子说："如果再求齐王开仓，就像冯妇一样了。晋国有个人叫冯妇，善于跟虎搏斗，终于成为有名的勇士。一次到郊外去，见有很多人在追一只老虎。老虎最后背靠着山谷，没人敢上前。他们看到冯妇，就走上来迎接冯妇。冯妇挽挽袖子就下车前往，大家都很高兴。可是冯妇却被有见识的大士人所讥笑。"

原文

孟子曰："口之于味也，目之于色也，耳之于声也，鼻之于臭也，四肢之于安佚也，性也。有命焉，君子不谓性①也。仁之于父子也，义之于君臣也，礼之于宾主也，知之于贤者也，圣人之于天道也，命也。有性焉，君子不谓命②也。"

注释

①有命焉，君子不谓性：能否满足欲望是由命运决定的，君子并不因为天生有这种欲望就一定追求满足这些欲望。

②有性焉，君子不谓命：人天生就有这些善端，君子没把这些都当成命运。

译文

孟子说："嘴对于美味的欲望，眼对于美色的欲望，耳朵对于好听的声音的欲望，鼻子对于香气的欲望，身体对于安逸的欲望，是天生就有的。欲望能否满足要看命运，所以君子并不因为这些欲望生而就有，就把它们当成人的本性。父子之间的仁爱，君臣之间的道义，宾主之间的礼节，贤人的智慧，圣人对于天道的把握等，都是命定的。可人生下来就有仁、义、礼、智、圣的基础，所以君子不把这些完全当成命运。"

原文

浩生不害①问曰："乐正子何人也？"

孟子曰："善人也，信人也。"

"何谓善？何谓信？"

曰："可欲之谓善，有诸己之谓信②，充实之谓美③，充实而有光辉之谓大④，大而化之之谓圣，圣而不可知之之谓神。乐正子，二之中，四之下⑤也。"

注释

①浩生不害：姓浩生，名不害，齐国人。

②有诸己之谓信：内心确实有好善之意叫作诚信。

③充实之谓美：把善、信扩展到自己的全部行为叫作美。

④充实而有光辉之谓大：能把善、信扩展到自己的全部行为，全身洋溢着道德的感染力，这就叫大。

⑤二之中，四之下：是说乐正子处于善、信之间，还没达到大的境界。

译文

浩生不害问："乐正克是什么样的人呢？"

孟子说："他是个善良的人，是个诚实的人。"

浩生不害问："什么算是善良的人，什么算是诚实的人呢？"

孟子说："可爱的人就是善良的人，内心确实可爱好善就是诚实的人，把这种可爱和诚实扩展到自己的全部行为就叫美，扩展到全部行为并充满道德的感染力就叫大，大又能让天下变得美好叫作圣人，圣人是一般人所不能理解的，所以圣人又叫神人。乐正克在善良的人和诚实的人中间，还没达到大的境界。"

原文

孟子曰："逃墨必归于杨，逃杨必归于儒。归，斯受之而已矣。今之与杨、墨辩者，如追放豚，既入其苙^①，又从而招^②之。"

注释

①苙：猪圈。
②招之：把它捆起来。

译文

孟子说："脱离墨家肯定会信奉杨朱学说，脱离杨朱学说肯定会信奉儒家学说。只要愿意信奉儒家学说，那么就接受他。现今与杨朱学派、墨家学派辩论的人，要像捉跑掉的猪一样，即使已经赶入猪圈，还要把它捆起四肢。"

原文

孟子曰："有布缕之征，粟米之征，力役之征。君子用其一，缓其二。用其二而民有殍，用其三而父子离。"

译文

孟子说："有对布匹的征税，有对粮食的征税，还要让老百姓服劳役。君子只取其中的一种，而对另两种暂缓征用。如同时征两种税老百姓就会饿死，三种税并征父子就要分离。"

原文

孟子曰："诸侯之宝三：土地、人民、政事。宝珠玉者，殃必及身。"

译文

孟子说："诸侯有三样宝贝：土地、老百姓和政治。仅仅把珠玉当宝贝的，身受其害的必定是他自己。"

原文

孟子曰："人皆有所不忍，达之于其所忍，仁也。人皆有所不为，达之于其所为，义也。人能充无欲害人之心，而仁不可胜用也。人能充无穿逾之心①，而义不可胜用也。人能充无受尔汝之实，无所往而不为义也。士未可以言而言，是以言餂②之也。可以言而不言，是以不言餂之也。是皆穿逾之类也。"

注释

①穿逾（yú）之心：盗窃之心。穿，钻洞。逾，翻墙。
②餂（tiǎn）：探取、取利。

译文

孟子说："人都有不忍心的人和事，有恻隐之心，把这种心推广到自己同情心不足的地方，就是仁。人都有不肯做的事，有羞耻心，把这种羞耻心推广到那些本该感到羞耻而没感到羞耻的地方，就是义。人能够把不危害别人的心思扩充开来，仁就取之不尽、用之不竭了。人能把不想当小偷的心扩充开来，义就取之不尽、用之不竭了。能把不愿接受平辈间尔汝这种不尊敬的称呼的心扩充开来，那么干什么事情都能符合道义。士人，不可以谈而去交谈，这是用言语试探对方来取利；可以交谈却不去谈，是用沉默试探对方来取利，这些都是扒洞翻墙一类的行径。"

原文

孟子曰："言近而指远者，善言也。守约而施博者，善道也。君子之言也，不下带而道存焉。君子之守，修其身而天下平。人病舍其田而芸人之田，所求于人者重，而所以自任者轻。"

译文

孟子说："语言浅显而道理深刻，这就是好的语言。所做的很少但功效却很大，这就是好的主张。君子的话，都从眼前说起，但是有深刻的道理蕴含在里面。君子要做的，就是提高自己的修养最终使天下太平。人的毛病就在于荒废了自己的土地，而去管理别人的土地，对别人的要求太多了，而对自己的要求太少了。"

原文

孟子曰："尧、舜，性者①也。汤、武，反②之也。动容周旋中礼者，盛德之至也。哭死而哀，非为生者也。经德不回③，非以干禄也。言语必信，非以正行④也。君子行法，以俟命而已矣。"

注释

①性者：按自己的本性做事。

②反：反，通"返"。返回到自己的本性。

③经德不回：按照德的要求而不做违背道德之事。

④非以正行：不是为了求得正直的名声。

译文

孟子说："尧、舜，是按照自己的本性做事。汤、武，是反省自己让自己恢复到本性状态。人的一举一动都符合礼制的规定，是道德很高的表现。哭死者哭得很悲哀，是发自真情，不是做给生者看的。按道德的要求做事而不干坏事，不是为了求取俸禄。每句话都是真的，也不是为了求得正直的名声。君子行为端正，等待着天命的降临。"

原文

孟子曰："说大人则藐之，勿视其巍巍然。堂高数仞，榱题①数尺，我得志弗为也。食前方丈，侍妾数百人，我得志弗为也。般乐饮酒，驱骋田猎，后车千乘，我得志弗为也。在彼者皆我所不为也，在我者皆古之制也，吾何畏彼哉？"

注释

①榱（cuī）题：屋檐。

译文

孟子说："游说当今有权势的人，我实际上看不起他，不要看他威风的样子。几仞的高堂，几尺宽的房檐，我要是做了大官就不建这样的房子。吃的东西摆满一大桌，侍候的女子有几百人，我做了大官也不要这样。没有节制地玩乐、酗酒、骑着马去打猎，后面跟着上千辆车子为其服务，我做了大官不会这样。他们干的都是我不愿意做的，我做的都符合古代的礼节，我为什么要怕他们呢？"

原文

孟子曰："养心莫善于寡欲。其为人也寡欲，虽有不存焉者，寡矣；其为人也多欲，虽有存焉者，寡矣。"

译文

孟子说："修养心性最好的方法就是减少欲望。一个人欲望不多，即使善心还没完全回来，可没回来的也不多了；一个人要是欲望很多，即使还存在善心，也一定不多了。"

原文

万章问曰："孔子在陈曰：'盍归乎来？吾党之小子狂简，进取不忘其初。'孔子在陈，何思鲁之狂士？"

孟子曰："孔子'不得中道而与之，必也狂狷①乎？狂者进取，狷者有所不为也。'孔子岂不欲中道哉？不可必得，故思其次也。"

"敢问何如斯可谓狂矣？"

曰："如琴张、曾皙、牧皮②者，孔子之所谓狂矣。"

"何以谓之狂也？"

曰："其志嘐嘐③然，曰：'古之人！古之人！'夷考其行，而不掩④焉者也。狂者又不可得，欲得不屑不洁⑤之士而与之，是狷也，是又其次也。"

"孔子曰：'过我门而不入我室，我不憾焉者，其惟乡原乎！乡原，德之贼也。'曰：何如斯可谓之乡原矣？"

曰："何以是嘐嘐也！言不顾行，行不顾言，则曰古之人！古之人！行何为踽踽凉凉⑥？生斯世也，为斯世也，善斯可矣。'阉然⑦媚于世也者，是乡原也。"

万子曰："一乡皆称原人焉，无所往而不为原人，孔子以为德之贼，何哉？"

曰："非之无举也，刺之无刺也，同乎流俗，合乎污世。居之似忠信，行之似廉洁。众皆悦之，自以为是。而不可与入尧、舜之道，故曰'德之贼'也。孔子曰：'恶似而非者：恶莠[8]，恐其乱苗也；恶佞[9]，恐其乱义也；恶利口[10]，恐其乱信也；恶郑声[11]，恐其乱乐也；恶紫，恐其乱朱也；恶乡原，恐其乱德也。'君子反经[12]而已矣，经正则庶民兴；庶民兴，斯无邪慝[13]矣。"

注释

①狂狷：孤高、正直，不肯同流合污。

②牧皮：未详。

③嘐嘐：理想远大，语言大胆。

④不掩：不能实行。

⑤不屑不洁：不屑于不洁的行为，意谓不做坏事。

⑥踽踽凉凉：踽踽，独行不进。凉凉，不被人厚待。

⑦阉然：隐瞒自己。

⑧莠：像苗的野草。

⑨佞：有才能。

⑩利口：会说话。

⑪郑声：郑国的音乐，被人认为是靡靡之乐。

⑫反经：回到正道。

⑬邪慝：坏事。

译文

万章问道："孔子困在陈国时说：'为什么不回去呢？我家乡的狂士志向远大，还像当初那样不断进步。'孔子在陈国，为什么会想念鲁国的狂士呢？"

孟子说："孔子曾说：'找不到能合中庸之道的人交往，一定要找狂狷之人交往了。狂者能够进步，狷者坚持操守，不去干坏事。'孔子难道不想跟中庸的人交往么？是因为不一定找得到，所以就想找差一些的。"

万章问："请问什么样的可以叫作狂士呢？"

孟子说："像琴张、曾皙、牧皮那样的，就是孔子所说的狂士。"

万章问："为什么把他们叫作狂士呢？"

孟子说："他们志向远大，言语大胆，动不动就说：'古代的人怎样！古代的人怎样！'可是考察他们的行为，有时言行不一。连狂者也找不到，就想找那些不干坏事的人，这就是狷介之人，这比狂士又差一些。"

万章问："孔子说：'经过我的门前却不进我的房中，只有一种人我不觉得遗憾，这种人就是乡原呀！乡原，是道德的贼害者。'请问：什么样的人可以叫作乡原呢？"

孟子说："他们批评狂士：'为什么说这么多大话呢？说的时候不考虑能不能做到，做事时又忘了自己曾经说的话，动不动就说古代的人怎样！古代的人怎样！'他们又批评狷介之人：'为什么那么孤独地生活而不能在社会上取得地位呢？为什么不被人家看得起？生在这个世上，是做这个世上的人，被人说好就行了。'掩盖自己的真相而取悦于世人，这些人就是乡原。"

万章问："一个地方的人都称赞他是好人，到哪里都说这样的人是好人，孔子却认为是道德的贼害，为什么呢？"

孟子说："要批评他却找不出具体的理由，要责骂他也无可责骂之处，他同世俗融合在一起，与这个污浊的社会很融洽。住在那里好像是忠诚老实之人，行为好像是廉洁之人。大家都喜欢他，他也自己以为得意。但却不能要求他遵守尧、舜之道，所以说是'道德的贼害'。孔子说：'我讨厌像是正品而实际上不是正品的东西：讨厌莠草，害怕它混淆了真正的禾苗；讨厌有小聪明的人，害怕他混淆真正的道义；讨厌口才好的人，害怕他混淆真正的诚信；讨厌郑国的靡靡之音，害怕它混淆了正统的音乐；讨厌紫颜色，害怕它会混淆了红颜色；讨厌乡原，害怕他们混淆真正的道德。'君子也就是返回到正路上来罢了，路子走对了，老百姓都愿意向善；老百姓愿意向善，也就不会干坏事了。"

原文

孟子曰："由尧、舜至于汤，五百有余岁。若禹、皋陶，则见而知之。若汤，则闻而知之。由汤至于文王，五百有余岁。若伊尹、莱朱^①，则见而知之。若文王，则闻而知之。由文王至于孔子，五百有余岁。若太公望、散宜生^②，则见而知之。若孔子，则闻而知之。由孔子而来至于今，百有余岁，去圣人之世，若此其未远也，近圣人之居，若此其甚也，然而无有乎尔，则亦无有乎尔！"

注释

①莱朱：商汤的贤臣。
②散宜生：周文王的贤臣。

译文

孟子说："从尧、舜到商汤，经历了五百多年。像大禹、皋陶，是亲自见到了他们的做事方式从而了解尧、舜之道的。像商汤，就是通过传闻才知道的。从商汤到周文王，又经历了五百多年。像伊尹、莱朱，就是亲自见过商汤从而知道圣人之道的。像周文王，就只能通过传闻去了解。从周文王到孔子，又经历了五百多年。像姜太公、散宜生，就是亲自见过周文王从而了解圣人之道的。像孔子，就只能通过传闻去了解。从孔子到现在也有一百多年了，离开圣人的时间还不算很长，离圣人住的地方又是这么近，但是却没人能继承他的圣人之道了，真的没有人能继承他的圣人之道了！"